전복밭의 연등

이병숙 수필집

전복밭의 연등

이병숙 수필집

작가의 말

언제부턴가 내게 글쓰기는 숨을 쉬고 밥을 먹고 잠을 자는 것에 버금가는 일상이 되었다. 하다못해 종이에 넋두리라도 써대야만 허한 마음을 달랠 수 있었다. 종이가 노트로 바뀌면서 일기가 되었고, 쓰기가 습관이 되자 수필을 공부하게 되었다. 수필에 전념하다가 글 쓰는 주체와 배경이 나로 한정된 쓰기로는 한계를 느껴, 가상의 세계를 만드는 소설을 공부하게 되었다. 수필가 서정범 선생님, 소설가 박영한 선생님과 임동헌 선생님. 그분들의 채찍과 당근을 받으며 나는 삶의 속내를 심마니처럼 헤집었다. 그러구러 장편소설 두 권과 단편소설집 한 권을 출간했다.

수필은 등단도 먼저 하고 작품 수도 많지만, 출간은 엄두가 나지 않았다. 내 진솔한 삶의 얘기라 애착은 크지만 남 보기에는 변변찮은 일상일 것 같아 세상에 내놓기는 낯이 서질 않았다. 그런데 이제 변변찮은 삶이나마 얼마 남지 않았다 싶으니 지나온 삶에 대해 애틋한 마음도 들고 위로도 받고 싶어졌다. 때로는 간절히 간구하고 때로는 분연히 타협하고 그러다가도 차분히 다독이며 지내온 세월이다. 돌이켜보니 우여곡절을 겪으면서도 수십 년 세월을 꿋꿋이 견뎌낸 걸 보면 나를 소중히 여기는 신에게 부여받은 삶이었다는 생각에 감사하다.

누구든 스스로 태어난 사람은 없다. 아마도 세상에 꼭 필요하다고 생각한 신에 의해 내보내 졌을 것이다. 그런 만큼 의미 없거나 소중하지 않은 삶은 없다. 수필은 그 삶의 의미와 소중함을 찾아가는 여정이란 생각에 부끄럽지만 엮어보기로 했다.

등단한 지 오래되어 어떤 작품은 내용이 시대적으로 맞지 않고, 어떤 작품은 나이가 들면서 생각이 달라지기도 했다. 내 얘기다 보니 같은 소재로 다른 얘기를 쓴 작품들도 있어 이런 작품들을 어떻게 해야 할지 고민도 되었다.

일단 한 권 분량의 작품을 선별하면서 내용상으로 분류해 보았다.

등단 무렵인 사십 대에서 오십 대에 썼거나, 그때의 일화를 추려 『생의 중턱에서』로 묶었고, 유년이나 젊은 시절을 회상한 내용은 『돌아보니 이런 적도』로 엮었다. 그리고 산을 좋아하다 보니 등산을 종종 했는데 그때 산에서 있었던 일이나 깨달은 이치를 그린 작품들을 『산에서 듣다』로 묶고, 마지막으로 황혼에 가까워지면서 삶에 대한 애착과 관조를 담은 글들을 『그래도 아직은』으로 모았다.

엮고 보니 내 삶을 사랑한 기록이다. 그것도 지독한 짝사랑이다. 그토록 무정한 삶에 무던히도 매달렸다. 그래도 짝사랑 덕에 행복했다.

2025년 여름
이병숙

차례

작가의 말　4

1부　생의 중턱에서

제비　12
소리 없는 대화　17
믿음의 온기　21
눈물로 절인다 한들　25
내 생일은 삼백예순 날　31
속모습을 비추는 거울　36
나도 어미인데　40
도깨비불　45
베란다에서 내려다본 출근길　49
제목 없는 추상화　54
오늘 하루는　59

초가(草家)에 소금 석 섬	64
물통 지킴이	70
나만의 춤	75
이루어지지 못한 추억	80
석양을 등지고 서 있는 소년	85
잡초의 여정	91
내 고향 특산품	95
비상금	100
사는 게 시험인 것을	105
집 한 채 값	109
세상에 놓인 그대로	114

2부 돌아보니 이런 적도

3부

산에서 든다

산(山)　120
평행선　126
묵 한 대접　132
그 뉘 속에 쌀 있음을　136
이정표　142
삶은 누리려는 자의 몫　146
사연 없는 삶이 어디 있으랴　151
백두산　156
인적　163
전복밭의 연등　168

계절이 측량하듯　176
나도 왕이다　183
기둥과 대들보　188
아직은　192
엄마의 우동　197
농부수업　204
기억의 증표　210
노천탕의 참전용사들　215
생각하는 의자　221
바라보는 그곳에 행복이　226
가을을 말리다　232

4부
그래도 아직은

1부

생의 중턱에서

제비
소리 없는 대화
믿음의 온기
눈물로 절인다 한들
내 생일은 삼백예순 날
속모습을 비추는 거울
나도 어미인데
도깨비불
베란다에서 내려다본 출근길
제목 없는 추상화
오늘 하루는

제비

제비 본 지가 꽤 됐다. 대도시라 그러려니 했는데 TV에서 방영한 다큐멘터리를 보니 농촌도 마찬가지인가 보다. 과다한 농약 살포로 먹이가 줄어든 데다 농약 먹은 벌레를 먹고 무정란을 낳거나 부화율까지 떨어졌다고 한다. 그러나 나를 놀라게 한 것은 사람들의 냉대였다. 날아드는 제비를 보고 겁을 주어 내쫓는가 하면 제비 집 터를 뜯어내고 행여 다시 지을까 봐 헝겊으로 덮어 놓았다. 제비의 배설물이 집안을 더럽히기 때문이라고 한다. 제비는 사람이 살지 않는 집에는 집을 짓지 않는다는데 어찌 그리 모질 수 있는지 TV를 보면서 나는 모골이 송연해졌다. 내게는 제비에 대한 남다른 기억이 있다.

결혼하고 몇 년 안 돼 동두천에서 살 때 일이다.

그때 우리는 아홉 가구가 사는 집에 세 들어 살았다. 넓은 마당 중간에 담이 있어 한쪽의 네 가구만 사는 줄 알고 얻은 것이다. 가구 수가 많다 보니 전기세로 입씨름이 많아 집주인은 가구마다 전기

계량기를 각각 달아 놓았다.

　봄이 되자 제비 한 쌍이 날아들었다. 사람들은 모두 자기네 집 처마 밑에 집짓기를 바랐다. 아마도 가난한 살림 탓에 흥부네 같은 기적을 바랐으리라. 이미 제비 집터가 있거나 제비가 집짓기 좋게 판자를 대 준 집은 당연히 자기네 집으로 올 것이라 생각했다. 그러나 이집 저집 처마 밑을 살피고 난 제비 부부는 모두의 예상을 빗기고 가장 좁고 불편한 우리 집 전기 계량기 위에다 집터를 잡았다. 무척 섭섭해하는 사람도 있고 그 옹색한 곳에 집을 짓는 제비의 행동을 무슨 곡절이 있는 것으로 보는 사람도 있었다. 나는 그들처럼 제비가 우리 집에 집짓기를 바란 것은 아니지만 그들의 부러운 시선이 싫지는 않았다.

　얼마 후, 다섯 마리의 새끼제비가 부화했다.
　먹이를 물고 오는 어미를 향해 한껏 목을 늘리며 자지러질 듯 내지르는 새끼들의 지저귐은 삶의 진한 생동감을 느끼게 했다. 하지만 늘 옹색한 집이 불안해 보였다. 아니나 다를까 어느 날 필사적인 먹이다툼을 벌이던 새끼 한 마리가 땅에 떨어져 죽고 말았다. 아직 솜털 속에 눈알만 불거진 새끼의 죽음은 어떤 불길함을 예고하는 듯 섬뜩했다. 이태 전 시댁에 살 때 일이 떠올랐다.
　그때도 처음엔 한 쌍의 제비가 날아들었다.
　그들은 전부터 있던 집에 윗부분만 조금 더 쌓아 신방을 차렸다. 그런데 어느 날부턴가 한 마리가 더 날아와 빨랫줄에 앉아 있곤 하는 게 아닌가. 동무려니 했는데 하루는 무서운 싸움이 벌어졌다. 한 마리는 집에 앉아 있고, 두 마리가 빨랫줄에 앉아 아주 요란하게 지저귀고 있었다. 둘은 마치 독기 오른 아낙의 악다구니 쓰는 모습을 연상케 했다.

그러기를 얼마 후, 말로는 안 되겠던지 나중엔 육탄전을 벌였다.

처음부터 기세가 등등했던 한 마리가 다른 한 마리를 땅바닥에 쓰러뜨리고는 짓누르듯 마구 쪼아댔다. 아무래도 열세에 놓인 제비가 위태로워 보여 나는 다급하게 아랫방 할머니를 불렀다. 낮잠에서 깨어 방문을 여는 할머니에게 "제비 죽어요!" 하고 소리치며 제비를 가리켰다. 그제야 땅바닥에 엉겨 붙은 제비를 보며 화들짝 놀란 할머니는 엉겁결에 고무신 한 짝을 집어 던졌다. 고무신짝에 비껴 맞고서야 공격을 하던 제비는 몸을 떼어 빨랫줄에 앉았다. 앉아서도 분이 안 풀리는지 연신 "까르르 꼬르르" 집에 앉아 있는 제비를 향해 지껄여 댔다. 그사이 밑에 깔렸던 제비는 몇 번 날갯짓을 해 보며 몸을 추스르더니 있는 힘을 다해 집 밖으로 날아갔다. 그러자 싸우다 빨랫줄에 앉아 있던 제비도 놓칠세라 쏜살같이 쫓아 날아갔다. 그 기세가 얼마나 무섭던지 죽이러 쫓아가는 게 아닌가 하는 생각이 들었다.

할머니는 집에 앉아 있는 제비를 가리키며 필시 저놈이 첩을 얻은 거라고 했다. 제비는 절대 첩 꼴을 못 본다며 오래전 고향집에서 본 일을 들려주었다.

그해에는 세 마리의 제비가 날아들었단다.

그런대로 집을 짓고 알도 낳고 부화까지 해서 잘 사는가 했는데 어느 날 새끼가 모두 죽었다. 살펴보니 새끼 입속에 작은 나뭇가지 같은 것이 잔뜩 채워져 있더란다. 첩이 그랬는지 본처가 그랬는지 못 먹을 것을 일부러 물어다 먹였다는 것이다. 그 후 한 마리는 날아가고 두 마리만 남았는데 더는 알을 못 낳고 여름을 나더라는 얘기였다.

할머니와 얘기를 나누고 있는데 뒤쫓아갔던 제비가 돌아왔다.

빨랫줄에 앉아 있는 모습이 큰일을 끝낸 후 평정을 찾으려고 심호흡을 하는 듯 당차 보였다. 쫓겨간 제비의 생사가 궁금했지만 끝내 돌아오지 않으니 알 수는 없었다. 그 일 이후, 제비 내외는 결국 알을 낳지 못하고 여름을 나고 갔다. 당시 아이가 없어 늘 애태우던 나는 둘이서만 살다 간 빈 제비집을 바라보며 동병상련의 깊은 서글픔에 잠겼었다.

그런 기억과 함께 새끼제비의 죽음은 며칠을 두고 마음을 우울하게 했다. 그래도 다행스러운 것은 남은 네 마리의 새끼가 그 좁은 집에서 아슬아슬 곡예를 하듯 잘 자라는 것이었다.

그해 여름 내게 태기가 있었다.

병원에서조차 선천적으로 나팔관이 막혔다며 포기하라던 아이가 기적처럼 들어선 것이다. 벅찬 기쁨에 들떠있는 우리를 보며 주위 사람들은 역시 제비가 영물이라고 했다. 자기 집 처마 밑에 판자를 대 준 아저씨는 애초 이 집에다 집을 짓는 것이 경사가 있을 징조였다며 부러워했다.

　나도 기쁜 소식을 전하러 온 전령이란 생각이 들었다.

　그들이 감당하기엔 너무도 벅찬 소식이어서 그런 희생을 치렀나 싶어 더욱 안쓰럽고 고마웠다.

　그런데 TV를 통해 문전박대당하는 제비를 보니 더럭 겁이 났다. 제비는 해충을 잡아먹는 익조다. 오랜 세월 사람과 한 지붕 밑에서 살아온 정리를 봐서라도 그럴 수는 없다. 왜 오랜 세월 괜찮던 배설물이 갑자기 여름 한 철도 못 봐줄 만큼 야박해진 걸까. 이젠 독한 살충제가 있고, 흥부네 기적도 필요 없을 만큼 부유해졌다는 것인가. 지구 밖에서 보면 점으로도 표시 안 되는 집안 한 귀퉁이를 더럽힌다고 그렇게 쫓겨나야 한다면 지구를 더럽히는 사람들은 지구에서 쫓겨나야 하는 것 아닌가.

　문안으로 들어오려다 쫓겨난 제비가 혹여 보은의 박씨를 품고 있거나 내게 그랬듯 기쁜 소식을 품고 있지는 않았을까.

　제비집 있던 자리를 헝겊으로 덮어 놓은 영상이 내내 가슴에서 지워지지 않았다.

소리 없는 대화

어제부터 들떠 있던 마음은 오늘 아침에도 평소보다 일찍 눈을 뜨게 했다. 아이가 둘씩이나 있는 중년의 나이에 이럴 수 있다는 것이 조금은 쑥스럽기도 했다.

서울로 남편을 찾아가는 길이다.

남편은 건축사 2차 시험을 대비해 시누이네가 잠시 비워놓은 집에서 혼자 공부하고 있는 중이다.

남편이 그려준 약도대로 찾아간 집은 다가구 주택이었다. 집 번호를 확인하고 현관문을 열었는데, 당연히 맞아줄 줄 알았던 남편 대신 낯선 남자가 나와 당황했다. 귀정이네 집 아니냐고 묻자 그 남자도 어리둥절해하며 고개만 갸웃했다. 내 목소리를 들었는지 그제야 남편이 마루 문을 배시시 열고 나와서는 멀거니 바라보고 섰다. 나는 겸연쩍어 "잘 찾았네!" 하고 현관만 같이 쓴다는 그 낯선 남자에게 목례를 하고 안으로 들어갔다.

남편은 따라 들어와서도 말이 없었다.

난 왠지 마음과 행동이 따로 움직이는 것 같아 어색하기 짝이 없었다. 정작 하고 싶은 말은 따로 있는데, 방마다 문이며 붙박이 찬장 문까지 열어보며, 밖에서 볼 때는 뭐해도 실내는 살만하겠다는 둥 딴청을 피웠다. 남편도 멋쩍은 듯 그냥 내 뒤만 따라다녔다. 영락없이 전셋집 얻으러 온 여자와 집을 소개하는 복덕방 남자 꼴이다. '이게 아닌데' 하는 생각이 들었지만 담벼락 같은 남편을 상대로 뭘 어쩌지도 못했다. 대충 집안과 창 너머 동네 구경까지 하며 어물쩍거리다 거실 바닥에 신문을 깔아 놓고 가지고 간 점심을 풀어 놓았다. 어제저녁부터 애써 장만한 도시락이건만 남편은 건성으로 먹었다. 남편의 관심과 생각은 오로지 시험에만 쏠려 있는 눈치다.

　밥을 먹고 집 안 청소를 하는 동안도 남편은 안방에서 책만 보고 있었다. 말을 붙이기가 조심스러워 거실에 나와 쌓여 있는 묵은 신문을 보고 있는데 "이제 가야 되겠네?" 한다. 빨리 가라는 건지 갈 시간이 되어 섭섭하다는 건지 애매한 어감이다. 시계를 보니 오후 2시 40분이다. 대전까지 가는데 늦은 시각은 아니다. 나는 가라고 떠밀리는 기분도 같고, 좀 더 있고 싶은 마음을 들킨 것 같아 무안하기도 하고, 아무튼 뭔가 석연치 못한 심정으로 짐을 챙겼다. 애틋한 정담은커녕 손 한 번 잡아 보지 못하고 이렇게 쫓겨나듯 갈 줄 알았다면 엊저녁부터 그토록 설레지는 않았을 것을, 도시 뭐 하러 왔나 싶기도 했다. 그야말로 견고한 담벼락에 딱딱 두어 번 두들겨 본 막대기 모양새로 서로 살아있다는 것만 확인하고 돌아서려니 허탈하기도 하고 야속하기도 했다. 남편은 그렇더라도 하다못해 보고 싶었다는 말 한마디 건네보지 못한 나는 또 뭔지… 누가 보고 있는 것도 아니고 정해진 시간이 있는 것도 아니건만, 그렇게 한 시간 반 남짓 마음을 숨긴 채, 아니 숫제 들킬까 조심하며 시험이란 명분 앞에 약해져야만 하는 내 자신이 한없이 초라해 보였다.

간다며 짐을 챙겨 나서자 남편은 현관까지 따라 나왔다.

띤 듯 만 듯한 미소가 그의 인사였고, 나는 말 없는 그 미소 뒤엔 사랑도 있으려니 믿으며 집을 나섰다. 그러면서도 못내 가시지 않는 섭섭함에 다시는 안 간다고 다짐도 했다.

그러나 토요일이면 어김없이 몸도 마음도 바빠진다.

아마도 그것은 같이 있을 때는 장작개비 같다가도 내가 집에 도착하고 나면 잊지 않고 잘 갔냐는 남편의 전화 때문인지도 모른다. 나는 그 전화를 다음 주에 또 오라는 뜻으로 새겨듣는 것이다.

아무리 고기는 씹어야 맛이고 말은 해야 제맛이라지만, 애정을 전하는 데는 반드시 그런 것만도 아닌 것 같다. 길게 늘어진 한복 치마 끝에 살짝살짝 보이는 버선코를 보면서 그 어떤 마당발이라도 오이씨 같은 발을 연상하듯, 말은 없지만 언뜻언뜻 내비치는 애정이 더욱 마음을 애타게 하고 감칠맛을 느끼게 하는 건 아닐까. 그렇다고 의식적으로 그리하려 한다면 거부감을 일으킬 것이다. 상대방에 대한 진실한 믿음이 비록 말은 없어도 둘만이 감지할 수 있는 애틋한 사랑의 밀어를 연출할 수 있는 것일 게다.

남편을 아는 사람들 중에는 나보고 재미없어 어떻게 사냐고 하는 사람들도 있다. 그만큼 남편은 언제 어디서고 목석같다. 그나마 내게 가장 말을 많이 하는 편이다. 남편도 성격을 고쳐 보려고 무던히 애쓰고 있는 것을 누구보다도 내가 가장 잘 안다. 나마저 목석이라고 몰아세우면 남편은 정말 외로운 목석이 될지도 모른다.

지척에 어머님 형님 누님 동생들이 있지만, 남편은 무엇이 필요하거나 힘들거나 지루하거나 좋은 일이 있거나 하면, 수백 리 떨어진 내게 전화한다. 그것은 그 나름의 애정이고 나는 그것이 고마워 밤 두 시까지는 잠자리에 들지 않는다.

2차 시험과목 중엔 설계가 있는데 시간제한이 아주 엄격하다고 한다. 연습으로 설계를 할 때 그 규정에 맞추느라 혼신을 쏟고 나면 자정을 넘기기 일쑤다. 남편은 그 지친 몸으로 내게 전화를 하는 것이다. 그때 전화벨이 여러 번 울리게 하거나 자다 깬 목소리를 들려주지 않기 위해 나도 그렇게 불도 끄지 않고 있었다. 이 또한 나 나름의 애정표현이지만 우리는 영화나 드라마에서처럼 멋진 사랑의 밀어를 나눌 줄 모른다. 그저 일상적인 얘기를 담은 목소리와 숨소리면 족하다. 누가 보아도 두 목석이랄 수밖에 없는 우리 부부지만 그 목석에는 우리만이 느낄 수 있는 향기와 소리 없는 언어가 있다. 변죽만 울려도 무슨 그릇인지 다 알 수 있는 게 부부가 아닐는지…

믿음의 온기

　내가 소속되어 있는 수필 동인의 첫 출판기념일에 동인 모두는 한복을 입기로 했다. 나는 옅은 보라색 무늬가 들어간 흰색 한복을 입었다. 그 위에 검은색 모피 숄을 두르고 거울 앞에 서서 보니 영락없는 대갓집 마나님 모습이다. 내 의사로 산 건 아니지만 수년 전에 산 숄이 이처럼 요긴해 보기도 처음이다. 정말 그때는 이런 일이 있으리라곤 상상도 못 했다. 숄을 산 그날을 생각하면 지금도 웃음이 나온다.
　해거름쯤이었다. 웬 여인이 현관까지 들어와 주인을 찾았다.
　내가 나가 찾아온 연유를 묻자 강한 경상도 사투리에 빠른 말씨로 무슨 회사 무슨 과장의 소개를 받고 왔노란다. 그런데 강한 사투리라 발음도 분명치 않지만 그 비슷한 발음의 회사도 사람도 모르겠다. 내가 그 회사와 사람을 자꾸 되묻다 모르겠다고 하자, 여인은 자기가 잘못 찾아온 것 같다면서 해는 저물고 집에는 빨리 가야 하는데 큰일이라며 몹시 낭패해 했다. 미적미적하던 여인은 보퉁이에서 커다란 모피 숄을 꺼내더니 다시 강한 사투리의 빠른 말씨로 숄에 대해서 늘어놓았다. 조카가 외국에 나갔다가 사 온 선물인데, 자기에겐 소용이 없어 아까 말한 과장이라는 사람이 이 근처 아무개 사장님네를 찾아가면 팔 수 있을 거라고 해서 왔단다. 그런데 그 집을 도저히 못 찾겠으니 대신 사 달라고 통사정했다.

나는 그제야 한참 성행했던, 딸네 집을 찾아왔다가 길을 잃었다는 가짜 꿀 장수의 상술임을 알았다. 의도적으로 빠른 말씨에 강한 사투리로 회사와 과장 이름을 들먹인 것도 모르고 잠시나마 그 이름들을 생각해내느라 고심했던 내 꼴이 우습고 어이가 없었다. 모피에 관심도 없고 한복용 숄이라 필요도 없어 그냥 돌려보내려 했다.

여인은 날이 저물어가는 것을 호소하며 막무가내로 사정을 봐달란다. 현관에서 옥신각신하자 마침 다니러 와 계시던 시어머님이 무슨 일이냐며 나오셨다. 여인은 잘됐다 싶은 듯 숄을 펴 보이며 상표와 품질을 장황하게 주워섬겼다. 그러다 어머님이 갖고 들어와 보라고 하자 얼씨구나 하고 보퉁이를 들고 거실로 따라 들어왔다.

여인은 아예 보퉁이를 풀어놓고 다른 물건도 들춰 보이며 본격적인 상인의 모습을 갖췄다. 어머니는 다른 것은 관심이 없고 처음에 보았던 숄이 마음에 있는 듯 당신이 둘러보기도 하고 나보고도 둘러보라고 하셨다. 숄은 허리까지 덮이고 겉옷처럼 어깨선이 있는 데다 양 끝에 동물 꼬리 모양의 탐스러운 술이 세 개씩 달려 있어 그런대로 품위는 있어 보였다. 그러나 나는 어머니 성화에 둘러보긴 했으나 이렇게까지 해놓고 그냥 돌려보낼 일만 걱정이었다. 어머니께 숄 하나 못 사드릴 것은 없지만 너무 갑작스러운 일인 데다 무엇보다 뜨내기 여자를 믿을 수 없었다. 내 의중을 눈치챈 여인은 이제 나와는 상대도 안 하고 어머니에게만 물건의 좋은 점을 연신 늘어놓았다. 나는 제발 어머니가 저 상술에 넘어가지 않길 바라며 조마조마한 마음으로 지켜보았다. 그러나 내 바람은 아랑곳없이 두 여인은 흥정으로 들어갔다.

처음 여인이 부른 가격은 고급 겨울 정장 한 벌을 사고도 남을 금액이었다. 비쌀 거라고는 짐작했지만 그 정도까지는 짐작 못 해 말문이 막혔다. 어머니가 가격을 다 아는데 무슨 소리냐는 태도를 보이자 여인은 저 스스로 가격을 많이 낮췄다. 아마 내가 사려고 흥정했다면 그 정도밖에 못 깎았을 것이다. 그런데 어머니는 낮춘 가격의 절반을 제시했다. 이번엔 어머니에게 놀라 어안이 벙벙했다. 평소 어머니는 터무니없이 에누리하는 분이 아니었다. 어쨌거나 이 정도면 그냥 돌아가겠거니 했는데 웬걸 여인은 펄쩍 뛰면서 찰거머리로 달라붙어 물건을 보고 말하라고 떼를 썼다. 두 여인은 주거니 받거니 입씨름을 계속했고 나는 이제 안 사는 건 포기하고 싼값에나 낙찰되길 바라며 구경했다.

결국 처음 가격의 절반 가격에 낙찰되었다.

그래도 내 형편으로는 부담이 되는 거금이었다. 흥정을 끝낸 어머니는 "네가 대신 돈 좀 내줄래, 내가 집에 가서 부쳐 줄게." 하셨다. "아녜요, 제가 사 드릴게요." 했더니 그럴 줄 알았다는 듯 "그래 줄래?" 하며 빙그레 웃었다. 여인이 나간 뒤 알고 보니 어머니는 이런 제품 공장 하는 사람을 알고 있어 물건의 품질이나 가격에 대해 대충 알고 있었다.

며칠 뒤, 어머니가 가실 때 숄을 꺼내 드렸더니 "됐다. 나는 집에 있다." 하시는 게 아닌가. "네? 그런데 왜…" 하며 내가 의아하게 바라보자 "그렇게 해서 하나 장만하는 거지. 그렇지 않으면 네 성격에 평생 그런 거 사겠니? 지금 당장은 필요 없지만 나이 들면 필요할 때가 있을 거다." 하고는 재미있다는 듯 웃으며 현관을 나갔다. 나는 대문까지 따라가면서도 어안이 벙벙하여 인사도 제대로 하는 둥 마는 둥 했다.

처음엔 한겨울에 내가 한복 입을 일이 언제 있겠나, 이 돈이면 정장 한 벌 사겠다 싶은 생각에 어처구니가 없었다. 그러면서도 '이렇게 하지 않으면 네 손으로 평생 그런 거 사겠냐'던 어머니의 배려가 가슴을 지그시 눌렀다. 사실 내가 사겠다면 너는 분명히 아무 말 없이 사줄 거라는 어머니의 당당한 모습이 처음엔 좀 터무니없게도 생각되었다. 그러나 그만큼 나를 믿는다는 뜻이고 또 어머니가 그럴 수 있는 데는 그간의 내 행동이 일조한 게 아닌가 하는 생각에 곧 마음이 뿌듯해졌다.

두고두고 그 일만 생각하면 어머니와 나 사이에만 통하는 믿음의 온기 같은 것이 느껴져 흐뭇해지곤 한다.

출판기념식장으로 가기 위해 집을 나서자 기다렸다는 듯 12월 중순의 알싸한 냉기가 온몸을 휘감는다. 그래도 춥지 않게 느껴지는 건 단순히 숄 덕분만은 아닐 것이다.

눈물로 절인다 한들

배추 무 파 갓 등 김칫거리들을 골라놓고 막 셈을 하려는데 젊은 주인의 표정이 갑자기 굳어졌다. 그의 시선을 따라 고개를 돌려보니 구청 표시가 찍힌 차에서 내린 사람들이 카메라를 들이대고 있었다. 무슨 일이냐고 묻자 누가 신고를 한 모양이라며 한숨을 쉰다.

아파트 입구 한편에서 작은 트럭을 대놓고 과일을 팔던 젊은이는 인근의 점포보다 조금 싸게 팔기도 했지만 무척 친절했다. 자연히 장사가 잘되어 땅바닥에 야채까지 펴놓고 팔게 되었는데, 점포를 가진 인근 상인들로서는 좋을 리 없었을 것이다.

빨리 치우라는 구청 사람들의 말에 그는 내가 골라놓은 김칫거리들을 서둘러 비닐봉지에 담고는 배달을 못 해주어 미안하다며 고개를 조아렸다. 나는 괜찮다며 얼른 계산하고 그 자리를 떠나왔다. 집에 도착할 때까지 두 번이나 쉬어야 할 만큼 양손에 든 짐도 무거웠지만, 돌아가신 아버지가 생각나 마음은 한층 무거웠다. 배추를 다듬으면서는 당황해하는 젊은이의 표정에 아버지의 모습이 겹쳐 끝내 눈물이 앞을 가렸다.

부모님은 경기도 파주에 옥답 다섯 마지기를 소유한 농사꾼이었다. 집이 닷새장이 서는 싸전 마당에 있어 장날이면 어머니는 밥을 해서 팔았다. 경험을 얻은 뒤로는 오빠를 고등학교 때부터 서울로 보내고 하숙을 치게 되었다. 할머니와 막내 고모까지 올려보내 두 집 살림을 해야 했으니 다섯 마지기 농사로는 힘에 부쳤기 때문이다. 대청을 줄여 방을 만들고 뒤꼍에 작은 방을 내달아 닷새장이 서는 전날 밤 장꾼들을 받았다. 물론 무허가였다. 잠 따로 밥 따로 해결하던 장꾼들에겐 두 가지를 한꺼번에 해결할 수 있어 편했던지 장날 전날 밤이면 우리 집은 손님들로 꽉 찼다. 그때부터 인근 허가받은 하숙집의 질시가 시작되었다.

어느 날 어머니가 "마룻바닥이라 추울 텐데, 추울 텐데…"라고 중얼거리며 보자기에 아버지 내복을 싸서 나가셨다. 어찌 된 건지 저녁때가 다 되어 그걸 도로 가지고 온 어머니는 "추울 텐데…" 만을 연발하며 안절부절못했다. 그 후 아버지는 며칠을 돌아오지 않았다.

내가 사정을 알게 된 것은 그 일이 있은 지 두 해가 지난 뒤, 아버지가 두 번째로 구류처분을 받았을 때였다. 아버지가 며칠인가를 험한 곳에서 보내고 돌아온 날, 난 우리도 허가받고 하면 되지 않느냐고 물었다. 아버지는 당신이 무식하다 보니 업자들로부터 뇌물을 받은 공무원이 무시해서 허가를 내주지 않는다고 했다.

지금 생각해 보면 일반 가정집을 개조한 구조에다 숙박업도 아니고 음식점도 아닌 상태라 허가 내주기가 곤란해서 그랬을 수도 있다. 어쨌거나 그렇게 생각한 아버지의 교육열은 대단했다. 당시 가까운 친척이나 동네에서 자식을 고등학교 때부터 서울로 보낸 집도 드물었지만, 대학까지 보낸 사람은 부모님이 처음이었다. 라디오에서 대학 합격자 명단이 흘러나오던 날 밤, 하숙 손님들과 중계방송을 듣던 부모님은 오빠의 이름이 나오자 즉시 막걸리 사발을 돌리고 어깨춤을 추었다.

주위의 질시는 계속되었고 그럼에도 부모님은 점점 더 하숙을 그만둘 수 없는 사정이 생기고 말았다.

아버지는 파주의 논을 팔아 강원도 철원에다 사면 갑절도 더 살 수 있다는 말을 듣고 논을 팔아 철원 민간인 통제 지역에다 샀다. 혼자 들어가 농사를 짓겠다며 출입증을 소지하고 몇 차례 들락거렸는데, 그만 한 해 농사도 못 지어 보고 군사 훈련 지역으로 징발되고 말았다. 부모님은 농사 외에 무허가일망정 경험을 쌓은 하숙밖에 할 만한 게 없었다. 더군다나 나까지 중학교 때부터 서울로 합세한 상태라 구류 아니라 더한 것이라 해도 선택의 여지가 없었다. 부모님은 오빠가 대학을 졸업할 때까지 주위의 질시와 굴욕을 참아내며 버티셨다. 아버지는 우리의 학비와 생활비를 보자기에 대각선으로 돌돌 말아서 허리에 묶고 오셨다. 아버지가 겉옷을 벗고 속옷을 들치며 허리띠를 풀어내어 돈을 꺼낼 때 그저 소매치기 안 당하려고 그랬나보다고 만 생각했다. 그게 부모님의 뼈와 살이 녹아들고 수모로 절여진 돈이라는 데까지는 생각이 미치지 못했다.

부모님은 내가 태어나기 전에 자식을 셋이나 잃었다.

나도 돌 무렵 죽을 고비를 넘겼다고 한다. 가호가 네 채밖에 없는 궁벽한 농촌에서 살 때였다.

마당가에 거름독을 묻었는데 막 걸음마를 하기 시작한 내가 혼자 나갔다가 거기에 거꾸로 빠졌다. 뒤늦게 할머니가 당신이 군용 담요로 해 신긴 버선발을 발견하여 건졌으나 똥오줌이 범벅이 된 나는 이미 사색이 짙었다. 어머니는 당신이 전생에 지은 죄가 많아 계속 자식이 죽는 것 같아 무서워 벌벌 떨고만 있는데, 아버지는 무엇에 홀린 사람처럼 산으로 뛰었다. 의원이 있는 읍내는 너무 멀고 마침 야전 훈련 나온 미군들의 막사를 떠올린 것이다. 죽었다고 가마니에 싸서 버린 나를 할머니가 다시 데려다 아랫목에 눕히고 불을 때니 구토를 했단다. 그래도 깨어나지 않아 애를 태우고 있는데 아버지가 흑인 병사를 데리고 왔다. 아버지가 어찌나 몰아대었는지 병사는 얼굴을 찡그린 채 제 숨고르기에 급급했다. 헐떡이는 병사에게 나를 보이고 한번 토했다는 시늉을 하자 그는 그러면 됐다는 몸짓을 하고 몇 알의 약을 주고 갔다. 그제야 아버지는 마루에 털썩 주저앉아 한동안 꼼짝 못 했다고 한다. 그렇게 살아난 나는 남아선호가 만연한 시절임에도 삼대독자인 오빠와 전혀 차별 없이 자랐다.

내가 고등학교 입학시험 볼 때였다.

중학교 입학시험을 볼 때 시골서 올라와 꼬박 교문을 지켰던 아버지는 이제 컸으니 혼자 가서 볼 수 있을 거라며 안 올라오신다고 했다. 물론 나도 그럴 수 있으니 올라오실 필요 없다고 대답했다.

시험 전날 밤 막 잠자리에 들려는데 아버지가 올라오셨다.

아무래도 내가 마음에 걸려 그냥 있을 수가 없더란다. 다른 애들은 다 부모와 같이 왔는데 나 혼자 기죽어 있을 생각을 하니 마음이 안 놓여 그 밤에 서둘러 오셨다는 것이다. 그날은 밤이라 몰랐는데 이튿날 시험을 보러 가기 위해 나설 때 보니 아버지는 고무신을 신었고 차림새도 허술했다. 너무 급히 나오다 보니 못 갈아 신고 나온 모양이었다. 난 창피한 마음에 추운 날씨를 핑계로 집에 계시라고 했다. 하지만 아버지는 그러려면 집에 있지 뭐 하러 올라왔겠냐며 앞장섰다.

내가 시험을 다 보고 나왔을 때 교문에서 기다리고 있던 아버지는 춥지 않았냐며 내 손을 잡았다. 아버지의 손은 꽁꽁 얼어 있었다. 내가 난로가 피워진 따뜻한 교실에서 시험을 보고 있는 동안 아버지는 고무신을 신은 발이 너무 시려워 학교 주위를 몇 번이고 돌았단다. 내가 높은 경쟁률을 뚫고 합격한 것이 내 실력인 줄만 알았는데 생각해 보니 탑돌이 하듯 학교를 돈 아버지의 정성 덕분이었던 것 같다.

그런 아버지에게 난 곰살궂게 대하지 않았다.

아버지는 고지식한 성격에 술을 드시면 주사가 심했다. 그게 싫어 고등학교 때부터는 시골집에 잘 내려가지도 않았고 내려가도 아버지와 소원하게 지냈다.

일제 강점기 때는 일본으로 징용되었고, 한국전쟁 때는 인민군에, 수복 후에는 국방군에 끌려다닌 아버지에게 세상은 어쩜 주정의 대상밖에 안 되었을지도 모른다. 전후 세대인 나는 그런 아버지를 이해하지 못했다. 갖은 정성을 쏟은 딸에게조차 따듯한 이해를 받지 못한 아버지는 얼마나 섭섭하셨을까!

  논을 징발당한 지 십 년 가까이 지나 정부에서 보상금이 나왔는데 금 닷 돈값이었다. 금가락지를 사다가 할머니 손에 끼워 드리며 "이게 논 닷 마지기입니다"라고 할 때 아버지의 눈에는 눈물이 그렁그렁했다.

  차가운 유치장 마룻바닥에서 새우잠을 자면서도, 내가 시험을 치고 있는 동안 꽁꽁 언 발로 학교 주변을 맴돌면서도 자식만큼은 따뜻하고 안온하게 살기를 빌고 또 빌었을 아버지. 일제 징용에서 얻은 지병으로 평생 고생하시다 돌아가신 아버지.

  난 끝내 배추 다듬던 손을 놓고 복받치는 울음을 터트렸다.

  하지만 내가 흘린 눈물로 배추를 절인다 한들 생전에 아버지가 느끼셨을 서운함에 반 분이나 할까.

내 생일은 삼백예순 날

"이거 절대 당신 생일이라서 주는 거 아냐."

남편이 멋쩍어하며 선물상자 하나를 내밀었다. 상자를 풀어보니 잉크병을 곁들인 만년필이 들어 있었다. 나는 "알았어." 하고 웃었다. 아마도 등단한 지 얼마 안 된 데다, 생일이 다가오기도 해서 겸사겸사 축하해 주고 싶었던 모양이다.

남편이 건축사 시험을 준비하던 때였다.

하루는 교재를 사야 한다며 같이 가자고 해서 서점에 동행했다. 나는 일 층 일반 서적 전시장에 머물러 책을 고르려 했는데, 남편이 전문 서적 전시장인 이 층으로 가자고 했다. 왜 그러나 싶어 따라 올라가니 문학 서가에 멈춰 서서 글 쓰는 데 도움 될 만한 책이 있는지 찾아보라고 했다. 내가 어이없어 멍하니 남편을 바라보자 고개를 끄덕이고는 건축학 서가로 가버렸다. 서가에는 온통 문학 이론서와 장르별 창작법에 관한 책들이 꽂혀 있었다.

나는 속이 두근거리고 무얼 찾아들 엄두가 나지 않았다.

겨우 한 외국 여성 칼럼니스트가 쓴 『주부작가로 성공하는 법』이라는 책을 빼 들었다. 그런데 왜 그리 겸연쩍은지 얼른 내려와 계산하고 가방에 넣고는 남편에게는 아무것도 안 샀다고 했다. 얼떨결에 산 그 책은 주부가 글쓰기에 몰입할 수 있는 마음과 시간 조율법에 대한 조언일 뿐 직접 글쓰기에는 아무런 도움이 되지 않았다.

 몇 달 후, 서울 시댁에 행사가 있어 갔을 때 남편은 교보문고로 데려갔다. 처음으로 그렇게 큰 서점에 간 나는 어리둥절해서 걸음도 제대로 걸을 수 없었다. 남편은 또다시 한 코너로 데려가서는 여기는 많으니까 잘 찾아보라고 했다. 역시 대학교 국문과 교재나 문학에 관한 전문 서적만 그득 했다. 나는 잔뜩 주눅이 들어 소설책 두 권만 사 들고 나왔다.

 서울로 이사 온 지 얼마 안 된 어느 날 남편은 퇴근하면서 한 일간지 문화센터 홍보지를 가지고 왔다. 신기한 듯 펼쳐 보이며 서울은 이런 데도 다 있다며 공부를 해보라고 했다. 홍보지에는 소설 수필 시를 포함해 수많은 과목의 강좌가 있었다. 당신은 선생만 잘 만나면 글을 잘 쓸 수 있을 거라며 배워 보라는 것이다. 속으로는 반가우면서도 '감히 내가 어떻게' 싶은 마음에 그 시간에는 애들이 학교에서 올 시간이고 멀미도 심해 못 간다고 둘러댔다. 그래도 주부도 마음만 먹으면 글공부를 할 수 있는 데가 있다는 것을 안 것만으로도 가슴이 뛰었다.

 그 후 나는 집에서 가까운 백화점 문화센터 수필반에 나가 공부를 시작하고 등단도 했다. 그때까지만 해도 컴퓨터가 많이 보급되지 않아 원고지를 사용했다. 주로 이면지에 볼펜이나 연필로 초고를 썼다가 원고지에 옮겨 적곤 했는데 만년필은 그때 쓰라는 속뜻이 있었던 것 같다. 남편이 생일선물이 아님을 강조한 것은 결혼 전에 한 말 때문이었다.

중매로 만나 결혼을 승낙하고 난 뒤 남편은 걱정스러운 듯 자기는 아내의 생일이나 결혼기념일을 챙기는 일은 낯간지러워 못한다고 이해를 구했다. 의아해하는 내게 평소에 잘하는 게 좋지 않겠냐며 특정한 날에 매여 무얼 한다는 건 성격상 못하겠단다. 나는 평소에 잘하겠다는 단서에 동조하며 대신 나도 조건을 제시했다.

'어떤 경우에도 나는 밖에서 한 푼도 마련해오지 못한다. 그러나 살림은 누구보다 알뜰하게 할 자신이 있다'는 조건이었다. 남편은 바라던 바라며 만족해했다.

서로의 약속은 일상이 되었다.

가끔 선물도 하고 외식도 하지만 특정한 날짜를 지키지는 않았다. 언젠가 남편이 자명종을 사 들고 왔다. 애들에게 혼자 일어나는 습관을 길러주기 위해 사 왔다는 것이다. 두 아이에게 한참 동안 사용 방법을 설명해주고 나더니 "이 시계 사는 김에 당신 것도 샀어." 하며 작은 상자를 내밀었다. 풀어보니 노란 금속 줄의 손목시계다. 나는 대뜸 결혼 때 시계가 아직 멀쩡한데 뭐 하러 사 왔냐며 퉁명스레 말했다. "그 시계는 너무 작은 데다 눈금도 네 개밖에 없어 보기 불편하다고 그랬잖아." 하며 남편은 민망해했다. 그런데 그 태도가 좀 지나치다 싶어 생각해 보니 며칠 전에 내 생일이 지나간 게 떠올랐다. 아차 싶어, "그렇지 않아도 그 시계는 태엽 감는 시계라 불편했는데 잘 됐다!" 하며 의도적으로 호들갑스레 좋아했다. 내가 불편하다고 한 말을 염두에 두고 있었다는 생각에 가슴이 찡해오기도 했다. 그제야 남편도 그래서 사 온 거라며 밝은 표정을 지었다. 물론 생일이란 말은 누구도 입 밖에 내지 않았다. 그래도 내 생일선물 사는 김에 애들 시계도 샀다는 것 쯤은 나중에라도 통했다.

남편이 건축사 자격증을 따고 개업을 준비할 때였다.
사업은 연고지에서 시작하는 게 좋을 것 같아, 살고 있던 대전 집을 팔고 서울로 이사하기로 했다. 그런데 도통 집이 팔리지 않았다. 남편은 전세라도 놓고 이사를 하자고 했다. 하지만 집을 팔아도 빚을 내야 하는 판에 전세를 놓아서는 서울에서 전셋집조차 구할 수 없어 나는 팔 것을 고집했다. 할 수 없이 우선 빚을 얻어 개업하기로 했다.

결혼 전 어떤 경우에도 밖에서 한 푼도 마련해 오지 못한다고 선언했을 때는, 어떤 경우라는 것이 절대 일어나지 않을 줄 믿고 한 말인데 실제 그런 일이 일어난 것이다. 날마다 서울을 혼자 오르내리며 빚을 얻고 개업 준비를 하는 남편을 바라보며 나는 그저 미안한 마음뿐이었다. 다만 얼마라도 빌려 볼까 해서 지인 집에 갔다가도 끝내 말도 못 꺼내고 딴청만 피우다 오기도 했다. 그래도 단칸 셋방에서 개업할 마음이라도 먹을 수 있을 만큼 저축도 하고 팔 집이라도 마련한 데는 '내 공이 만만치 않다'는 변명에 불과한 자위를 해가며 견디었다.

  밤늦게 녹초가 되어 잠든 남편의 얼굴을 볼 때면 미안하고 애가 닳아 잠도 오지 않았다. 그런 와중에 이마에 빈틈없이 뭐가 돋아났다. 심각한 피부병인 줄 알고 피부과 병원에 갔더니 심한 스트레스를 받아서 생긴 여드름이라고 했다. 스트레스받는 일이 해결되거나 마음을 안정시켜 스트레스를 받지 않으면 저절로 낫는다고 했다. 아니나 다를까. 대전 집이 팔리고 서울로 이사하여 안팎으로 안정이 되자 여드름이 차차 없어지더니 이내 말끔해졌다.

  이후로도 나는 은행에서 대출은 몇 번 받았지만, 사적인 금전거래는 해본 적이 없다. 남편도 내 생일을 지켜준 적이 없다. 물론 날짜만 안 지켰다는 말이다. 남들처럼 선물도 하고 여행도 가지만 굳이 날짜를 정해놓고 하지는 않는다. 피차 평소에 잘해야지 그날이나 하루 잘하는 것은 가식적이라는 소신을 잘 지키고 있는 셈이다. 그래도 나까지 그러면 너무 삭막한 것 같아 남편과 아이들 생일에는 색다른 음식을 해주며 축하해 준다.

  생일은 태어난 그날로 지나간다.

  시간은 지나가면 되돌아오지 않는 것이기에 이듬해 또 그 이듬해 돌아오는 생일은 동명이인과 마찬가지로 단순히 달과 날짜만 같을 뿐이다. 그런 마당에 어느 하루인들 생일보다 소중하지 않은 날이 있을까. 평소에 잘해야 한다는 남편의 소신이 변하지 않은 한 내 생일은 일 년 삼백예순 날이다.

속모습을 비추는 거울

　구청에서 주관한 박물관 대학의 강의가 끝나는 날 창덕궁과 종묘를 답사했다. 강의를 맡았던 교수의 안내로 먼저 창덕궁을 둘러보았다. 한여름의 따가운 햇볕 속에 교수는 주로 건축 양식을 중심으로 해설을 했다. 건물에 얽힌 비화를 기대했던 탓인지 내 시선은 그늘로만 가고 교수의 목소리는 귓바퀴만 맴돌았다.
　창덕궁을 나와 종묘를 답사할 때는 세 그룹으로 나뉘었다.
　나는 종묘로 안내해주는 '궁궐지킴이'를 따랐다. 조선 시대 임금의 위패를 모신 종묘의 제례에 관한 설명을 들을 때였다. 지킴이는 한 전각 앞에 이르러 돌로 만든 구조물을 가리키며 이것이 무엇인지 아느냐고 물었다. 수강생들은 그쯤이야 익히 알고 있다는 듯 소화기 역할을 하는 드므 아니냐고 대답했다. 지킴이는 역시 박물관 수강생들이라 잘 알고 있다며 재미있는 일화 하나를 들려주었다.
　화마(火魔)의 얼굴은 너무나 험상궂어 누구나 마주치면 기절할 지경이었다. 어느 날 불 낼 장소를 물색하던 화마는 매우 아름다운 궁궐을 발견하고는 심술이 도져 불을 지르려고 다가섰다. 그런데 궁궐 앞 드므에 담긴 물에 비친 자신의 얼굴을 발견하고는 그 험상궂음에 놀라 혼비백산해서 달아났다는 얘기다.

　내 생각도 그랬지만 고개를 끄덕이는 수강생들의 표정도 '그러면 그렇지 이까짓 물로 무슨 불을 꺼' 하는 기색이 역력했다. 드므는 소화기라기보다 화재를 염려하는 상징적 구조물로 거울 역할이 제격이라고 느껴진 것이다. 그러고 보니 궁궐 내의 전각 앞에는 거의 드므가 있었다. 작은 불씨 정도는 초기에 진화도 할 수 있겠지만 근무자들에게 화재에 대한 경각심을 주려는 의도가 컸을 것이다.

　그리스 신화에도 비슷한 이야기가 있다.
　번역자에 따라 머리가 아홉이라고도 하고, 머리칼이 올올이 뱀이라고도 하는 악신(惡神) 메두사는 어찌나 무서운지 사람이 보는 즉시 기절하여 돌이 된다. 영웅 페르세우스는 메두사를 처치하기 위해 전쟁의 여신 아테네에게 방패를 빌려 그 뒤에 몸을 숨기고 메두사에게 내민다. 방패에 비친 자신의 모습을 처음 본 메두사는 그 험상궂은 모습에 놀라 자신도 모르게 고개를 돌린다. 그 순간을 놓치지 않고 페르세우스는 방패 뒤에서 나와 재빠르게 메두사의 목을 친다. 메두사가 죽자 돌이 되었던 사람들이 도로 살아났다는 이야기다.

　인류의 조상이라는 네안데르탈인이나 크로마뇽인의 모습을 보면 인간이라기보다는 짐승에 가까운 모습이다. 짐승과 진배없는 동족을 보면서도 막상 자신의 모습은 모르고 있다가, 거울이 만들어진 뒤에야 거울에 비친 자신의 모습을 보고 놀라는 모습이 앞의 두 이야기에 나오는 화마나 메두사의 모습이 아닐까. 이후 거울을 보며 자신의 모습을 부단히 가꾸어가는 동안 인간은 짐승과 확연히 구별되기 시작했고, 자신을 가꾸는 노력은 미에 대한 추구로 이어졌을 것이다. 그 미의식은 다방면으로 분출되어 예술을 지향하게 됐고 향유할 수 있게 되었을 것이다. 결국 문화는 거울의 발명으로부터 형성되기 시작한 건 아닐까.

그러나 거울은 겉모습밖에는 비춰주질 못한다.

그래서 겉모습은 짐승들과 완전히 달라졌지만 속모습은 아직도 짐승과 같은 경우가 종종 있는 것인지도 모른다. 전설과도 같은 화마나 메두사의 이야기가 첨단의 문명사회인 요즘에도 귀가 솔깃한 것도 사람들의 속모습에 화마나 메두사의 속성이 남아 있기 때문은 아닐는지.

속모습까지 비춰주는 거울은 없을까.

물리적인 거울만큼 선명하지는 않지만, 자신을 보고 있는 타인의 눈동자가 그런 거울이지 싶다. 우리는 늘 가족이나 친구 또는 이해에 얽혀 있는 사람의 눈에 자신의 모습을 비추며 산다. 그 모습을 얼마나 정확하게 볼 수 있을까. 거울을 보면서 외모를 가꾸어나가듯 타인의 눈에 비친 자신의 속모습을 다스린다면, 거울을 보고 외모가 아름다워졌듯 속모습도 아름다워질 것이다. 보다 많은 사람의 눈에 자신을 비춰보고, 그 비춰진 모습을 제대로 파악하고, 마음에 안 들더라도 인정하고 바로 잡으려고 노력한다면 말이다.

　소크라테스가 '너 자신을 알라'고 한 것도 그런 맥락일 것이다. 그건 말처럼 쉬운 일은 아니다. 나만 하더라도 타인의 눈에 비친 내 모습이 좋은 모습이라면 흡족하지만, 나쁜 모습이면 받아들이기가 몹시 힘들다. 인정하고 고치기보다는 그 사람을 피하고 싶고 그 사람이 잘못 비추고 있는 거라고 우기고 싶어질 때가 많다. 시간이 조금만 지나면 수긍을 하면서도 그 당장은 왜 그리 서운한지…
　그나저나 내 눈도 남을 비추고 있을 텐데 내 눈이 흐려 있거나 굴절되어 있는 건 아닐까. 남을 잘못 비춰 그 사람에게 실망감을 주거나 마음을 아프게 하지는 않았을까. 혹시 그런 일이 있었다면 그건 남의 눈에서 미운 내 모습을 발견한 것보다 더 가슴 아픈 일이다. 타인의 모습을 정확하게 비출 수 있는 안목을 가지려면 마음부터 밝고 넓어야 할 텐데, 타인의 눈에 비친 내 모습에 급급한 걸 보면 아직 멀었다. 시대의 속모습을 비춰주는 또 하나의 거울 — 궁궐을 걸으며 열심히 안목을 닦아본다.

나도 어미인데

"드디어 비행기 표 예약했습니다."

아들아이가 마지막 일정을 끝낸 듯 말했다. 나는 말없이 아이만 바라보았다.

몇 달 전, 아이가 호주로 어학연수를 가겠으니 가는 비행기만 태워달라고 했을 때 결국 올 게 왔구나 싶어 착잡했다. 마치 교육과정의 수순이기라도 한 것처럼 너도나도 어학연수를 떠나는 추세라 '우리 아이들도 가고 싶어 하는 것 아닌가' 눈치만 살피고 있던 참이었다. 아늘은 워킹홀리데이 비자로 가서 일자리를 얻어 일 년을 지내다 오겠다고 했다. 제 딴에는 넉넉지 못한 집안 형편을 생각해 편도 비행깃값만 해달라고 한 것이다.

나는 학생비자로 가면 얼마나 들기에 그런 모험을 하느냐며 대출이라도 받아주겠다고 했다. 그러나 이미 받은 대출이자도 버거운 형편이란 걸 아이도 뻔히 아는 터라 내가 듣기에도 허세처럼 들렸다. 어쩌면 아이가 괜찮다고 할 줄 알고 한 말인지도 모른다. 그러자니 자격지심에 속이 쓰렸다. 아이는 그런 내 마음을 들여다본 듯 집

안 형편 때문이 아니라고 했다. 지난 일 년 동안 영어학원을 다녔으니 이제 몸으로 부딪쳐 익히면 된단다. 그 영어학원도 강의가 끝난 후 학원 청소를 하는 조건에 무료로 다녔다. 지친 몸으로 자정이 되어서야 집에 돌아오는 아이를 볼 때도 늘 안쓰러웠는데, 혼자 타국에 가서 생활비와 학비를 벌어가며 공부를 하겠다니 대견하면서도 마음이 짠했다.

아이는 비행기 표도 가장 싸게 가기 위해 홍콩을 경유하는 밤 시간 표를 예약했다. 그간에도 저 혼자 이 사람 저 사람 만나 어떤 과정을 거쳐 어떻게 생활을 해야 하는지 정보를 수집하며 일을 진행했다. 걱정밖에 해줄 게 없는 나는 제대로 알아듣지도 못하면서, 심청이 얻어온 음식을 궁금해하는 심 봉사처럼 아이가 얻어온 얘기에 귀 기울이며 근심만 보탰다. 아이는 가족의 생계를 책임지는 것도 아니고 저 한 몸인데 무슨 수를 써서라도 일 년을 못 버티겠냐며 나를 안심시켜주곤 했다. 아이의 호기가 믿음직스럽기도 하지만 막상 도착해서 제 생각대로 안 되면 그때 아이가 느낄 좌절을 생각하니 지레 가슴이 졸였다. 진작에 허드렛일이라도 해서 돈을 모았으면 얼마만이라도 더 해줄 수 있었는데 싶어 나 자신이 미웁스럽기까지 했다.

언젠가 막내 시누이가 전화를 걸어와 용건을 마친 후 엄마가 보고 싶다며 울먹인 적이 있었다. 불혹을 넘긴 나이에 어리광을 부리는가 싶어 나는 내리사랑이라더니 어머니가 막내한테 너무 오래 계신다고 놀렸다. 목울대가 젖은 시누이는 내친 김인 듯 속내를 털어놓았다.

외국인 회사에 다니고 있는 남편은 한국 지사장이 되었고, 늘 수석을 놓치지 않는 고등학생 아들은 학생회장에 선출되었다는 게다. 그런 데에는 자신의 뒷바라지가 큰 몫을 한 터라 저 자신이 사장이 된 것 같고 회장이 된 것처럼 자랑스러웠다. 누구한테라도 자랑하고 싶지만, 자칫 상대방에게 위화감이라도 줄까 봐 할 수가 없단다. 만일 엄마만 있으면 마음 놓고 자랑해도 진심으로 기뻐하고 좋아해 줄 것 아니냐고 울먹였다. 그제야 나는 시누이의 마음을 알 것 같았다. 슬픈 일에 슬퍼해 주기는 쉬워도 기쁜 일에 같이 기뻐해 주기는 쉽지 않다. 오빠가 둘 있고 언니가 다섯이나 있지만, 엄마만큼 편하지는 않다. 물론 형제들도 진심으로 기뻐하고 축하해준다. 그러나 제 일처럼 기쁜 건 아니다.

어미에게는 자식의 일이 바로 자신의 일이다.

자식에게 기쁜 일이면 자식보다 더 기쁘고 자식에게 아픈 일이면 자식보다 더 아픈 게 어미다. 어머니도 살아계셨다면 딸의 일이 기쁘고 자랑스럽다 못해 여기저기 말을 내고 형제들 불러 모아 밥이라도 같이 먹게 하셨을 것이다. 평소 어머니는 자식들이 모여 밥을 먹으면 보는 것만으로도 배가 부르다며 좋아하셨다. 그래서 이 핑계 저 핑계로 자주 모이는 편이었는데 올케들이 부담을 느낄까 봐 시누이들이 많이 신경 쓰기도 했다.

시누이가 아주 어릴 때 아버님은 딴살림을 차리고는 발길을 끊었다. 가정부까지 두고 살던 어머니는 건축 공사장 식당일을 하며 고달픈 삶을 살아내야만 했다. 어느 날 어머니는 우리 애들을 저쪽 애(이복형제)보다 더 훌륭하게 키워 놓는 게 복수하는 거라고 생각했다며 당시의 한을 내게 털어놓으셨다. 그런 어머니에게 자식은 삶의 이유요 보람이요 무기였다. 어머니의 신산한 삶을 지켜보는 자식들의 마음속에는 '불쌍한 우리 엄마'란 심지가 깊이 박혔다. 심지에는 엄마를 기쁘게 해드리겠다는 불이 늘 켜져 있었다. 자식들의 기쁨이 어머니에게 전해지면 불꽃은 활활 타올랐다. 어머니를 기쁘게 해드리겠다는 자식들의 굳은 의지는 어머니보다는 자신들의 삶에 거름이 되었다. 시누이는 그 불꽃이 그리웠던 게다. 나는 그 마음을 충분히 이해는 하지만 그저 정말 축하한다고 얼마나 좋으냐고 부럽다고 말품만 전할 수밖에 없었다. 진심이긴 하지만 어머니의 마음에는 반도 못 따라갈 것이다.

각종 운동경기나 퀴즈 프로그램에 나오는 사람들의 인터뷰를 보아도 자식에게 어머니는 가장 훌륭한 거름이다.

'어머니가 기뻐하시는 표정을 떠올리면 힘이 솟는다.'

'어머니가 반겨주실 고향 집을 그리며 용기를 낸다.'

'어머니의 병을 낫게 해드리기 위해 꼭 우승하겠다.'

그들의 어머니는 어떻게 했기에 그토록 자식에게 힘이 되었을까! 나도 어미인데 내가 어찌해야 아들이 낯선 땅에서 어미를 떠올리며 힘을 낼 수 있을까. 내가 어떻게 해야 아들이 곤욕을 당해서도 어미 생각을 하며 헤쳐나갈 용기를 얻을까.

나도 시어머니처럼 아들에게 거름이 돼주고 싶다. 스포츠선수의 어머니처럼 힘과 용기를 주고 싶다. 그러나 어머니처럼 희생하지도 못했고 선수들의 어머니처럼 신념을 심어주지도 못했다. 그저 낳아주고 길러준 것만으로도 그런 힘을 내주길 바라는 염치없는 어미다.

애만 끓이다 출국일이 가까워 오고 마침 제 생일이 되기도 하여 선물이랍시고 금은방에 가서 내 금반지 두 개와 제 돌반지 두 개를 합쳐 목걸이를 만들어주었다. 십자가 패넌트를 끼운 목걸이인데 힘든 일이 있으면 십자가를 붙들고 기도하고, 급전이 필요하면 환전해 쓰라고 했다. 그러나 그게 얼마나 되겠는가. 그래도 상징성을 생각해서인 듯 아들은 고마워했다. 밑도 끝도 없이 믿는다는 말로 어미 노릇을 마치려니 가슴이 쓰리다.

도깨비불

우리 아파트 2단지와 3단지 사이에는 왕복 4차선 길이 나 있다.
얼마 전까지만 해도 이 길 중간쯤에 횡단보도 표시만 되어 있고 신호등은 없었다. 그만큼 이 길은 교통량이 많지 않았다. 교통량이 많지 않다 보니 운전자들이 마음 놓고 속력을 내곤 했다. 그래서 2단지에 있는 초등학교에 가던 3단지의 아이가 이 횡단보도를 건너다 교통사고를 당해 목숨을 잃은 일이 두 번이나 있었다. 그 일이 있은 후 주민들의 건의에 따라 횡단보도에 신호등이 세워졌다.
그런데 막상 신호등이 세워지니 이것이 또한 애물이었다.
전에는 신호등은 없지만 횡단보도 표시도 되어 있고 차도 뜸하게 다녀 그저 한두 번 좌우를 살피고 적당히 건너는 게 습관이 되었는데 이제는 일일이 신호등의 지시에 따르자니 여간 답답한 게 아니다. 신호등이 세워지고 나서도 이 길은 등하교 시간에는 학부모까지 동원되어 교통지도를 할 만큼 횡단보도를 건너는 인구가 많지만, 그 시간을 피하고 나면 사람도 차도 매우 한가하다. 그런 한가한 길을 건너기 위해 혼자 우두커니 서서 신호등 눈만 멀뚱멀뚱 바라보고 있노라면 왜 그리 멋쩍고 어색한지. 그리고 시간은 왜 그리 길게 느껴지는지. 게다가 신호등을 무시하고 그냥 건너는 사람이 있으면 혼자 서 있는 내가 바보처럼 느껴지기도 한다. 그리고 실제 그냥 건너는 사람이 대부분이다. 그렇다고 나도 신호등을 무시하고 건너자니 분명 범법행위라 그것 또한 찜찜하다.

어떤 때는 횡단보도 멀찌감치서 무단횡단하기도 하지만 그것 역시 마음이 편한 것은 아니다. 그래서 횡단보도 몇 미터 전에서부터 신호등을 주시하며 걷다가, 파란불로 바뀌면 뛰어갈 수 있는 거리인가 어림하여 될 것 같으면 냅다 뛰고, 힘들 것 같으면 아예 발걸음을 천천히 떼놓아 신호등 앞에서 우두커니 서 있는 멋쩍은 시간을 줄이곤 했다.

그러나 그것도 시일이 흐르자 습관이 되는지, 아니면 체념하게 돼서 그런지, 이젠 신호등의 허락이 떨어질 때까지 얌전히 서서 기다리는 것도 그럭저럭 견딜만하게 되었다. 물론 옛날 버릇이 아주 없어진 것은 아니고 사람들도 여전히 신호등을 무시하고 건너는 경우가 많긴 하다. 아니 좀 더 정확히 말하면 신호등을 아주 무시하는 것은 아니다. 신호등이 파란불일 때 건너는 사람들은 천천히 건너지만, 빨간불일 때 건너는 사람들은 어김없이 뛰어 건너는 것만 보아도 신호등을 의식하고 있다는 걸 알 수 있다. 사실 신호등의 지시를 기다렸다가 건너나, 무시하고 뛰어 건너나 시간으로 보면 고작 일 분 남짓한 시간이다. 멋쩍어 봐야 일 분 동안이고 먼저 가봐야 일 분 동안에 간 거리다.

그렇게 일 분 동안의 시간도 못 견뎌서 부산을 떠니 인생의 행로에서 문득문득 가로막고 나서는 빨간 신호등 앞에서야 오죽하겠는가. 횡단보도에서 조급한 마음에 뛰어 건너다 운이 나쁘면 교통순경에게 들켜 벌금을 물게도 되고 더 운이 나쁘면 교통사고로 몸을 다치거나 목숨을 잃는 경우처럼, 인생의 행로에서도 빨간불을 만났을 때 너무 조급하게 처신하다 낭패를 보는 경우가 얼마든지 있다. 그렇다고 인생의 행로에서는 횡단보도처럼 무조건 파란불이 들어오기만을 기다릴 수도 없다. 넋 놓고 파란불이 들어오기만을 기다리다 지쳐서 아예 힘도 의욕도 잃어버리는 수가 있다.

신호등이란 공적인 약속이며 그 공적인 속에 나도 포함되어 있는 만큼 신호등의 지시를 따르는 것은 결국 나 자신과의 약속을 지키는 것이다. 따라서 비록 텅 빈 길이라 할지라도 자기와의 약속을 지키려는 의지만 확고하다면 일 분 동안의 기다림쯤은 아무렇지도 않게 여겨질 것이다.

마찬가지로 인생의 행로에서 만나게 되는 신호등 역시 자신과의 약속을 지키려는 의지만 확고하다면 그래도 순조롭게 넘기지 않을까. 나만 하더라도 욕심부리지 않고 평범하게 살겠다는 나 자신에게 한 약속만 잘 지킨다면 비록 생각지도 않게 만난 빨간 신호등 앞이라도 좀 더 의연하게 견뎌낼 수 있을 것이다. 그러나 평범의 기준이나 경계가 모호한 것이 탈이다. 그 기준이 타인과 나에게 각각 다르게 적용되는 것도 문제지만, 나 혼자에게 적용되는 기준 또한 들쭉날쭉한 게 문제다.

어떤 땐 지극히 평범하고 고무적인 소망이라고 여겨지던 일도 어떤 땐 영 내 주제에 걸맞지 않은 허황된 욕망으로 느껴지기도 한다. 그러다 보니 내 삶의 행로엔 빨간불이 도깨비불처럼 수시로 번쩍거린다. 그때마다 짜증을 내고 속을 끓이며 무척 힘들어한다. 그것이 나 자신을 바로 인식하지 못하고 나 자신과의 약속을 제대로 지키지 못해서 겪는 아픔인 줄은 알지만 쉽게 고칠 재간도 없다. 그러니 앞으로도 내 앞길엔 여전히 시도 때도 없이 도깨비불처럼 빨간 불이 수시로 번쩍거릴 것이다.

누구 말마따나 자기와의 싸움만큼 치열한 싸움도 드물 것이다. 그렇다고 피할 수도 없고 피해서도 안 되는 싸움이다. 하지만 이기고 나면 그만큼 승리감과 보람도 클 것이다. 다소 통속적으로 되어버린 말이긴 하지만 아픈 만큼 성숙해진다는 말을 나는 믿는다.

베란다에서 내려다본 출근길

　남편이 출근한 뒤 화분에 물을 주기 위해 베란다로 나갔다가 무심코 밖을 내려다보았다. 지하 주차장에서 줄줄이 올라오는 승용차들이 얼핏 개미굴에서 개미들이 줄지어 나오는 것처럼 보였다. 아마 4층 높이가 시각적으로 움직이는 사물을 다른 생명체로 연상하기 좋은 모양이다. 그 생경한 느낌에 아예 들고 있던 물뿌리개를 내려놓고 지켜보았다.
　검정개미, 흰개미, 붉은개미… 작은 개미, 큰 개미…
　일터로 출근하는 일개미이거나 전장으로 출정하는 병정개미들이다.
　일터든 전장이든 저들이 향하는 곳은 정신 못 차리게 치열할 것이다. 밤새 짜 가지고 간 작전은 제대로 먹히지도 않고 예상치 못한 곳에서 폭탄은 터지고 사방에서 눈총은 날아들 것이다. 속절없는 시간은 요기조차 마음 편히 할 수 없을 만큼 볶아대고 자칫 한눈 한 번 팔았다간 사정없이 빠지고 말 함정이 도사리고 있을 것이다. 간간이 의도했던 일이 이루어져 보람도 느끼고 손발 맞은 동료들과 소소한 즐거움도 나눌 수 있는 게 그나마 버팀목이 돼 주리라.

시류에 길들고 세파에 다듬어지고 역풍에 깨지면서, 기쁨은 작아도 크게 받아들이고 슬픔은 커도 작게 받아들이는 기술을 연마하며 절망 속에 묻힌 희망을 제련해 낼 것이다. 자꾸 무뎌지는 연장을 닦고 기름치고 조여 가며 시간과 싸워갈 것이다. 마음 한편에는 만일 실패하면 작전상 후퇴라고 우길 배짱도 키워두리라.

몸과 마음이 삭는 줄도 모르고 작전에 매달리다 어둠이 찾아와 중재해주면, 그제야 한숨 돌리고 온전하게 존재하고 있음에 안도하며 귀갓길에 오를 것이다. 그리고는 기다려줄 가족을 방향지시등 삼아 기운 내서 어둠을 헤치고 달릴 것이다.

막연하나마 내일에 대한 기대를 마중물처럼 전장에 남겨둔 채, 지친 몸으로 한 움큼의 일용할 양식이나 처참히 부서진 야망의 잔해를 안고, 누구에게는 올가미일 수도 있고 누구에게는 보금자리일 수도 있는 저 무덤 속 같은 지하 주차장으로 다시 돌아와 깃들 것이다.

낮 동안 혹사당한 육신은 꿈조차 찾아오지 않는 깊은 잠 속에 묻고서야 편해질 것이다. 들인 노력에 비해 변변치 못한 수확에 대한 분노도, 자존심을 상하게 하는 구차한 생활에 대한 시름도, 사회적 직함과 가정에 함몰된 정체성에 대한 회의도, 악착같이 움켜쥔 희망까지도 잠든 동안만은 내려놓을 것이다.

아니 어쩌면 전의를 다지며 작전을 궁리하느라 쪽잠을 자거나 설칠 수도 있다. 해야만 할 일과, 하고 싶은 일을 조율하고 야망과 능력을 저울질해 짜놓았던 계획을 수정하면서 난공불락의 세태와 타협점을 찾아보리라. 그리고 날이 밝으면 언제나 그랬던 것처럼, 잠시 내려놓았던 삶의 계획안과 새로 짠 수정안을 챙겨 일터로 혹은 전장으로 나가 전투에 임할 것이다, 아마 지금 저 행렬도 그렇게 어제와 반복된 일상이리라.

개미 행렬 끝에 눈에 익숙한 개미 한 마리가 꼬리를 물고 나온다. 앞서 나간 개미들보다 굼뜨고 노쇠해 보인다. 출고된 지 이십 년이 지난 남편의 진회색 프린스(차종이름)다. 여기저기 칠이 벗겨져 있고 지명이 들어간 초록색 구형 번호판은 숫자를 식별하기 어려울 만큼 색이 바랬다. 엔진에서는 임종 가까운 노인의 해수 기침 같은 소리가 난다.

남편은 녀석의 병상일지까지 쓰며 애지중지한다. 동고동락해온 정 때문만은 아니다. 만일 녀석이 아주 멈추고 말면 같이 손발이 묶이고 말 옹색한 형편이라 각별히 신경 쓸 수밖에 없다. 인수인계할 녀석을 마련할 수 있을 만큼 형편이 나아질 때까지는 수명연장 장치를 하고서라도 연명해 주어야 한다. 그런데 지금으로서는 그날이 요원해 보인다. 오늘도 나가보아야 제대로 싸워보지도 못하고 기회만 엿보다 터덜터덜 들어올지도 모른다. 한때는 이기겠다는 야망도 있고 또 다른 도전에 대한 열정도 있었다. 모진 세파에 호되게 맞고 쓰러진 후 전의마저 잃었다. 전의를 상실한 전장은 존재의 의미마저 미미하다. 생존의 무게만이 무겁게 떠돌 뿐이다.

그래도 세상의 양심은 전의를 잃은 상대까지 무참히 공격하지는 않으리라 믿는다. 어떻게든 마음을 다잡고 재도전할 정도의 말미는 줄 것이다. 싸워도 그때 다시 싸워야 살만한 세상이다. 아무리 모진 세상이지만 그 정도의 아량은 있을 것이다. 내일이 있다는 게 그 증거다. 내일은 미래와 희망의 다른 이름이다. 개미들에게는 가장 강력한 무기요, 지원군이다. 고지식한 오늘과 타협할 때 호기를 부려보는 것도 내일이 있기 때문이다. 오늘이 고달플수록 내일은 무기로는 첨예해지고 지원군으로도 전지전능해진다.

때로는 내일의 그 전지전능함 때문에 알고도 속고 모르고도 속곤 한다. 처음 속을 때는 실망도 하고 화도 내지만 몇 번 더 속고 나면 요령도 생긴다. 속인 내일을 탓하지 않고 속은 나의 무지이거나 욕심 탓으로 돌리는 것이다. 그래야 비록 오늘은 보잘것없어도 최후의 보루인 내일은 전지전능한 채로 건재하기 때문이다. 그만큼 내일은 어떤 일이 있더라도 막강한 힘으로 오늘과 붙어 있어야 한다.

하지만 누구에게나 다 내일이 전지전능한 것은 아니다.

그 힘은 각자 만들기 달렸다. 강력한 내일을 만들어 오늘에 그 힘을 실현하려는 의지가 오늘을 사는 가장 큰 지혜가 아닐까. 지혜가 부족하면 무모할망정 용기라도 있어야 한다. 고지식한 세파를 상대하려면 그 정도의 배포는 있어야 하리라. 이십 년 넘게 꼿꼿한 세월에 부대꼈으니 녀석에게도 그만한 오기는 생기지 않았을까. 느릿느

릿 정문을 빠져나가는 녀석의 등에 청명한 햇살이 반짝인다.

저 햇살이 서기(瑞氣)였으면…

간절한 마음으로 힘내라고 녀석의 꽁무니에 응원과 믿음의 텔레파시를 보낸다.

제목 없는 추상화

정월 초이틀. 예정대로라면 두 분 시외삼촌을 찾아뵈는 날이다.

십 년 넘게 추석과 설에 꼭 찾아뵙곤 했는데 올해는 그만두기로 했다. 나날이 어려워지는 살림에 만사에 의욕을 잃고 만 것이다. 찾아뵙는 데야 과일 한 상자씩 들고 가면 된다. 우선 집 담보로 대출이라도 받아 생계는 잇고 있으니 당장 그 정도가 어려운 건 아니다. 또 어려운 것도 어제오늘 이야기가 아니다. 작년 설과 지난 추석에도 사정은 마찬가지였다. 그때도 남편은 안 가겠다는 걸 내가 달래서 찾아뵈었는데 이번에는 나도 지쳤다.

"차라리 사무실 접을까?"

며칠 전, 남편은 심각하게 말했다.

난 결국 올 데까지 온 모양이구나 싶은 마음에 기둥이 무너지는 기분이었다. "그런 다음엔?" 내가 그렇게 물었지만 남편은 대답을 못 했다. 너무 막막하다 보니 그저 대안 없이 해본 소리가 뻔했다. 대안이 없기는 나도 마찬가지였다.

"조금 더 기다려보지 뭐."

마치 암 환자를 수술하기 위해 개복한 의사가 환부의 상태가 너무 심각해 부랴부랴 그대로 봉합한 것처럼, 우리는 피차 안 하고 못 들은 말로 덮어버리고 화제를 돌렸다.

십여 년을 한 번도 안 걸렀으니 두 분 숙부님들께서 혹여 우리 때문에 출타도 못 하고 계신 건 아닌지, 애들이 집칸이라도 마련하고 살 만해지니 건방져졌다고 오해나 하고 계신 건 아닌지, 이래저래 마음은 굴뚝 속처럼 어두웠다.

"과천 미술관에 안 갈래? 중국 그림전을 한다네."

신문을 뒤적이던 남편이 지나가는 말처럼 툭 던졌다.

이 판국에 미술관은… 하고 퉁명을 부리려다 오죽 답답했으면 그럴까 싶어 같이 집을 나섰다.

미술관에서 특별전을 하고 있는 중국 그림 전시관을 먼저 찾았다. 그림은 주로 사실화였다. 사회주의 국가라는 선입견 때문인지 우울한 내 기분 때문인지 작품에 나오는 군상들은 거의 경직되거나 궁색해 보였다. 나는 그림의 사실성보다는 이미지를 형상화해내는 기법에 흥미를 느꼈다.

특히 그림을 보고 제목을 보는 것과 제목을 먼저 보고 그림을 보는 느낌이 아주 달랐다. 태양이 작열하는 해변에 나신의 여인이 살짝 모래를 덮고 大 자로 누워있는 그림을 보고, 나는 여인을 주제로 제목을 생각했는데 실제 제목은 '하늘'이었다. 여인의 머리맡에 바닷물이 조금 그려져 있을 뿐 하늘은 전혀 표현되지 않았지만, 제목을 보고 다시 보니 여인이 태양의 기를 한껏 받아들이고 있는 모습으로 정말 '하늘'이라 할 만했다.

　그림의 내용과 제목의 상관관계를 알아보는 재미는 중국 그림 전시관을 나와 추상화 전시관에서 볼 때 더했다. 그림만 보아서는 도시 무얼 그린 것인지 알 수 없다가도 제목을 보면 뭔가 그럴듯하게 느껴졌다. 그런데 '무제'란 그림 앞에서는 막막했다. 다른 추상화처럼 이게 뭘 그린 걸까 골똘히 생각해보다 전혀 감을 못 잡아 제목을 보았는데 '무제'란 제목을 보면 어이가 없어졌다. 무식한 게 들통난 것 같기도 하고, 화가에게 무시당한 느낌도 들었다. 아무렇게나 그려 놓고 할 말 없어 붙여 놓은 제목 같아 무책임하게도 느껴졌다. 몇 번 그런 그림을 만나게 되니 이상한 배짱이 생겼다. 어차피 '무제'라니 내 마음대로 생각해도 그만이라는 생각이 든 것이다. 그래도 국립 미술관인데 아무런 그림이야 전시했겠나, 오히려 보는 사람의 안목을 높이 사서 해석을 맡긴 거라고 여겼다. 그리고는 애들 장난 같다고 느꼈던 그 '무제'의 그림들을 다시 보았다.

　그중에서도 여러 가지 색이 한 데 떡칠해진 것 같은 어두운 그림과 밝긴 한데 어지러운 선분으로 무질서하게 보이는 그림, 바탕 전체를 녹갈색으로 칠하고 윗부분만 여러 가지 색으로 점을 찍듯 그려 놓은 그림을 유심히 보았다. 어두운 그림은 몇 가지 색이 칠해지긴 했지만 주로 붉은색과 검은색이 강조되어 암울해 보였다. 무질서해 보이는 그림은 여러 명이 매스게임을 하면서 한 도형에서 다른 도형으로 바꾸기 위해 열이 흐트러지는 느낌이 들었다. 그리고 녹갈색 단색 그림은 어느 연극의 무대 장막처럼 느껴졌다. 그래서 내 나름대로 해석해 보았다.

　어두운 그림은 색의 삼원색인 빨강 노랑 파랑을 합치면 검정색이 되는 것처럼, 삶의 희로애락을 합치면 암울하다는 걸 단면으로 표현한 것이고, 무질서한 그림은 삶의 전환을 맞자면 어쩔 수 없이 혼란을 겪어내야만 한다는 뜻이고, 무대 장막 그림은 그 뒤에서 벌어지는 장면은 삶의 어떤 것도 가능하니 마음대로 상상하라는 뜻 아닐까. 화가가 들으면 기함할지 모르지만 난 내 해석이 그럴듯했다. 제목을 붙여 놓고 그거라고 하니 억지로 그렇게 꿰맞추게 되는 다른 추상화보다 편안하고 자유로웠다.

　문득 지금의 내 형편도 신에 속한 누군가가 그려 놓은 제목 없는 추상화란 생각이 들었다. 분명 내 형편이 내 뜻이 아니고 보면 소위 운명에 의해 이리된 것일 것이다. 하지만 제목이 없으니 해석은 내가 하기에 달렸다. 전시된 그림이 보기엔 애들 장난처럼 보이지만 국립 미술관이 선정할 만큼 수작이듯, 내 삶도 당장은 힘들지만 지천명을 훨씬 넘긴 지금까지 이만큼이나마 지켜준 걸 보면 쉽게 버릴 작품은 아니리라.
　세 그림을 내 형편에 대입시켜보았다.
　첫 번째 어두운 그림은 어둡고 암울해 보이지만, 자세히 보면 붉은색이나 노란색도 있는 것처럼, 내 현실도 암담해 보이지만 따져보면 喜도 있고 樂도 있을 것이다. 두 번째 무질서해 보이는 그림을 보면서는, 도저히 앞을 가늠할 수 없을 만큼 답답하지만 뭔가 다른 경험, 그것도 좋은 전환을 맞기 위한 전초일 수도 있는 게 아닌가 하는 기대를 갖게 했다. 세 번째 녹갈색 무대 장막 그림을 보면서는 장막 뒤에서 희망을 찾아 비상을 준비하는 파랑새를 연출했다.

다분히 억지춘향이다. 피식 헛웃음이 나면서 잠깐 서글픈 마음도 들었다. 하지만 어쩌랴, 어차피 모든 삶은 신이 만들어놓은 '무제'의 창작물 아니겠는가. 신이 무슨 생각으로 만들었든 제목을 못 정한 바에야 내가 해석하고 내가 제목을 붙인들 어쩌겠는가. 나는 아직 더 살아야 한다. 그것도 얼핏 보기에는 허술해 보이지만 국립 미술관에 전시된 저 그림들처럼, 내 삶도 비록 신산함이 배어있지만 그래도 신이 만든 박물관에 전시될 만큼 수작이어야 한다.

배짱을 부풀려 미술관을 나오며 하늘을 올려다보았다. 하늘이 무너져도 솟아날 구멍이 있다는데 하물며 저토록 맑고 청명함에야…

오늘 하루는

　누군가에게 기억되고 있다는 게 이렇게 즐거울 줄 몰랐습니다.
　누가 얘기해주지 않으면 떠올리지 못할 만큼 기억의 저편으로 밀어놓았던 당신에게 전화를 받고 마치 잃어버린 시간의 한 토막을 얻은 것처럼 기뻤습니다. 내가 당신을 기억의 저편으로 밀어놓은 것은 당연히 당신의 기억 속에 제가 없을 것이라고 생각했기 때문입니다.
　물론 당신이 이곳을 떠나기 전 그저 같이 활동했던 사람들의 근황이 궁금해서 하신 전화라는 걸 모르지는 않습니다. 그래도 그 많은 사람 중에 하필 저였다는 게 어딥니까. 아, 제게만 한 게 아니라 다른 사람들에게도 다 하셨다고요? 그러면 또 어떻습니까. 그 사람들 중에 저를 빼놓지 않으신 게 또 어디냐고요.
　어차피 사람은 단순히 해가 뜨고 지는 걸 보고 '오늘'과 '내일'을 만들 수 있을 만큼 총명한걸요. 사소한 것에 대한 의미를 얼마든지 부풀릴 수 있는 천부적 재능 말입니다. '오늘'과 '내일'을 뭉쳐 '새달'을 만들고 '새달'을 뭉쳐 '새해'를 만들었지요. 하루만 지나도 일간지에 실린 오늘의 운세에 신경을 곤두세우고, 새달 새해가 되면 새로운 계획과 다짐을 앞세워 힘을 내지요. 단위가 올라갈수록 희망도 커집니다. 번번이 속고 또 속을 줄 알면서도 말입니다. 그 희망에 따른 기대치는 머지않아 남들의 부러움을 살만한 삶에 도달할 거란 꿈을 갖게 합니다. 그 꿈을 잃지 않고 있는 동안은 어떤 현실도 초라하지 않지요.

그러다 문득 그 꿈이 허상임이 자각될 때는 수도니 수련이니 하며 부풀려진 현실의 의미를 축소하느라 심신을 들볶지요. 처음엔 자괴감도 들지만 심신을 다그치다 보면 그럭저럭 지낼 만하게 되지요.

사소한 것에 대한 의미를 부풀리는 것이나 반대로 자신의 존재에 대한 의미를 축소하는 것 모두 삶과 친해지려는 몸짓이 아닐까요. 외형적으로는 상반된 모습이지만 둘은 뫼비우스의 띠 양끝처럼 한 몸이지요. 둘이 유리되어 너무 한쪽으로 치우치는 걸 조울증이라고 하는 깃 아닌가 싶네요.

삶처럼 낯가림이 심한 게 또 어디 있겠는지요.

그렇다고 피할 수도 없고요. 할 수 없이 삶에 대한 의미의 확장과 축소를 천칭 양쪽에 놓고 늘 수평이 되도록 마음을 다스리는 것이겠죠.

당신이 연락을 주셨을 때 최인호의 『상도』를 읽고 있었는데 이런 구절이 나오더군요.

현자(賢者)는 모든 것에서 배우는 사람이며
강자(强者)는 자기 자신을 이기는 사람이며
부자(富者)는 자기 스스로 만족하는 사람이다.

이 또한 삶과 친해지는 방법을 잘 아는 사람들을 소개한 게 아닐는지요. 하지만 그런 사람이 되는 방법이 그렇다는 것일 뿐, 그런 사람이 되기는 쉽지 않겠지요. 딱히 아귀가 맞는 건 아니지만 지금 제 기분을 이 운율에 따라 이렇게 덧붙여봅니다.

열락자(悅樂者)는 사소한 것의 의미를 확대시킬 수 있는 사람이며,
각성자(覺醒者)는 생로병사의 의미를 축소시킬 수 있는 사람이며,
둘의 간극이 좁아 쉽게 소통할 수 있는 사람은 득생자(得生者)다.

득생자란 '삶을 얻은 자'라는 뜻으로 제 나름의 조어입니다.
이곳에서 같이 활동했던 사람 중에 내가 가장 기억에 남더라는 당신의 사소한 한마디로, 지천명을 넘긴 내가 여자로서 당신의 가슴을 설레게 할 수 있을 것 같은 오늘 나는 열락자였습니다. 또한 그 꿈이 한순간의 환상이었음도 잘 알고 있는 만큼 각성자도 되는 셈이지요. 그러고 보니 열락자와 각성자를 아우를 수 있었던 오늘 하루 나는 득생자였네요. 그런 의미에서 꼭 놀러 오라는 당신의 말

을 어찌 받아들여야 할지 행복한 고민을 조금 더 하렵니다. 왜 오늘은 이리 짧은가도 의심해 보고요.

    내내 평안하시길…

2부 돌아보니 이런 적도

초가(草家)에 소금 석 섬
물통 지킴이
나만의 춤
이루어지지 못한 추억
석양을 등지고 서 있는 소년
잡초의 여정
내 고향 특산품
비상금
사는 게 시험인 것을
집 한 채 값
세상에 놓인 그대로

초가(草家)에 소금 석 섬

　인공지능이 생활 전반에 녹아드는 요즘에도 사주나 점을 보는 사람이 적지 않다. 점과는 거리가 멀 것 같은 젊은이들은 서양에서 건너온 타로점까지 보는 것 같다. 점괘가 좋게 나오면 기분이 좋고 안 좋으면 잊어버리면 된다며 재미로 본다고 한다. 나는 예민한 편이라 오히려 좋은 소리를 들으면 금방 잊어버리지만, 안 좋은 소리를 들으면 오래 신경이 거슬려 재미로라도 안 본다. 어쩌면 어렸을 때 정말 장난으로 본 점괘가 아주 오래도록 마음을 무겁게 한 경험이 있어 더 그런지도 모른다.

　중학교 2학년 때쯤이다.
　친구가 운세를 봐줄 테니 그림을 그려보라고 한 적이 있었다. 나는 친구가 부르는 대로 호수, 나무, 집 등을 간단하게 그렸다. 내가 그린 그림을 유심히 살펴본 친구는 무척 의외라는 듯 "너는 마음은 넓은데 이다음에 하루 세 끼 죽 먹기도 힘들겠다"라고 했다. 나는 섬뜩하게 느껴져 "야, 무슨 악담을 그렇게 심하게 하냐"라며 정색하고 대들었다. "내가 많은 사람에게 이 그림 점을 보아주었는데 열 채도 넘는 집을 몽땅 초가집만 그린 사람은 너밖에 없어. 그것도 크게나 그렸으면 몰라. 호수만 크게 그리고 집은 게딱지만 하게 그렸으니 안 그러냐" 친구는 자기도 어쩔 수 없다는 듯 그림 설명을 해주고는 스스로도 민망했던지 자리를 떠버렸다.

연필로 대충 그린 그림 따위로 뭘 알겠냐고 무시해 버리려 했으나, 어린 마음에 친구의 말은 무슨 주문(呪文)처럼 내 머릿속에 각인되어 좀체 지워지지 않았다. 그 후 어쩌다 그림을 그리게 되면 초가는 절대 그리지 않았다. 뿐만 아니라 그전에는 연말이면 눈 덮인 초가가 그려진 카드나 연하장을 곧잘 샀는데, 그 이후부터는 왠지 부정이라도 탈 것 같은 마음에 다시는 사지 않았다.

그러나 공교롭게도 가세는 형편없이 기울기 시작했다.

오빠와 나와 동생은 한 해씩 번갈아 휴학해야 했다. 급기야 빚에 몰려 부모님은 살던 집을 채권자에게 내주고 말았다. 나는 그림 점의 주문이 맞아가고 있는 것 같아 두려움마저 갖게 되었다. 다행히 오빠가 대학 졸업 직전 취직을 하면서 곤두박질치던 가세를 잡기 시작했다. 그림 점에 대한 불안감도 시나브로 지워나갔다.

어느 날, 어머니는 육갑을 짚을 줄 안다는 친구분에게 내 사주를 보았다며 흡족한 표정으로 들어오셨다. 혼기를 맞은 딸이 언제 시집을 가고 가서는 잘 사는지 물으셨던 모양이다.

"너는 소금 석 섬을 지고 태어났단다."

어머니는 얼굴 가득 미소를 머금고 내게 전했다. 어머니의 밝은 표정을 보고 좋은 점괘려니 했던 나는 실망하고 말았다. 좋아하시는 어머니의 태도도 이해가 안 되었다. "쌀도 아니고 겨우 소금 석 섬?" 하고 내가 떨떠름해하자, 어머니는 "얘는 소금 석 섬을 물에 풀어보아라, 그까짓 쌀 석 섬에 대냐." 하며 풀이를 하셨다. 쌀은 그대로 밥을 지어먹지만, 소금은 장을 담거나 음식 간 맞추는 데 쓰는 것으로 소금 석 섬이 들어가는 음식이라면 얼마나 많은 사람이 먹겠냐는 것이다. 선문답처럼 알쏭달쏭하지만, 최소한 나쁜 점괘는 아닌 성싶어 마음이 놓였다. 하지만 기왕이면 소금보다는 금이나 다이아몬드 같은 보석이면 확실히 좋을 텐데 하는 아쉬움을 떨쳐버릴 수 없었다. 그 아쉬움은 잊고 있었던 그림 점을 불쑥 떠오르게 했다. 보석이라면 기와집이나 양옥집과 어울리지만 아무래도 소금은 초가와 어울리는 것 같았다. 사주마저 그림 점과 연관이 있는 것만 같아 내심 여간 찜찜한 게 아니었다.

얼마 후, 나와 형편이 엇비슷한 사람과 결혼하고 2년 남짓 시댁에 살다가 단칸방으로 살림을 났다. 부족한 살림이지만 이미 가난을 경험한 터라 어떤 가능성만으로도 행복했다. 가난을 이겨내는 부모님을 보고 자라 규모 있게 살림한 덕분으로 형편은 나날이 나아졌다. 당연히 그림 점 따위는 생각도 안 났다. 하지만 나아지던 형편은 중년을 맞으면서 제자리걸음을 하기 시작했다.

중년을 한참 넘기도록 나아질 듯 나아질 듯하면서도 좀체 안주할 수 없는 가세가 이어지자 내 팔자가 안 좋은가 싶은 생각이 들기도 했다. 그럴수록 아니라는 확신을 강하게 갖고 싶었다. 반면 불안한 마음에 슬그머니 또 어릴 때 그림 점이 떠오르기도 했다.

그때 나는 호수를 큼지막하게 그리고 나무도 커다랗게 두 그루 그렸다. 집은 호수 주변에 작게 열 채도 넘게 그렸다. 친구의 말로는 다른 애들은 호수는 작게, 나무는 많게, 집은 크게 한두 채만 그린단다. 집을 여러 채 그리는 경우는 기와집 초가집 양옥집을 섞는단다. 호수는 마음을 뜻하며 나무는 절친한 친구를 의미하며 집은 부를 상징한다는 게다. 그래서 내 점괘는 호수를 넓게 그려 마음은 넓고, 나무를 두 그루만 그려 친한 친구는 두어 명밖에 없으며, 초가집만 잔뜩 그려 세 끼 죽 먹기도 힘들 만큼 가난하게 살 것이란다. 그때는 기겁했지만 살아온 형편을 돌이켜 보면 죽 먹는 정도는 아니지만 다른 내용은 그럴 듯하다.

나는 고지식한 성격으로 남의 일에는 긍정적으로 생각하는 편인데 나 자신에게는 인색하다. 그래서 남들과 잘 어울려 얼핏 대인관계가 넓어 보이나 막상 속내를 털어놓을 만한 친구는 몇 안 된다. 사는 형편도 세끼 밥걱정은 안 하지만 부를 상징하는 호의호식하고는 거리가 멀다. 그러니 그림 점은 비교적 맞는 편이다. 하지만 어릴 때처럼 두렵지는 않다. 어차피 아무리 큰 부자라도 사람의 욕심을 넘지 못한다. 아흔아홉 칸짜리 집을 가지면 한 칸 집 가진 사람 것을 빼앗아 백 칸을 채우고 싶어 하는 것이 인간의 욕심이라지 않은가.

안분지족할 수 있으면 마음은 편할 것이다.

마음을 뜻하는 호수를 넓게 그렸으니 욕심이 그리 크지는 않다는 뜻일 것이다. 만일 기와집을 많이 그리느라 호수는 좁게 그렸다면, 마음은 좁고 욕심은 많아 아무리 많은 재물을 지녀도 마음은 늘 가난하다 할 것이다. 넓은 호수에 다소곳한 초가를 오순도순 그렸던 어린 내가 점괘와는 상관없이 순박하고 예쁘다.

내 사주에 소금 석 섬을 지고 태어났다는 어머니의 말을 들었을 때도 소금이 보석이었으면 하는 마음에 서운했지만, 사실 보석은 고작 제 몸 하나 변하지 않는 것으로 가치를 인정받는 것이다. 그 화려함은 종족인 다른 돌이나 쇠붙이의 가치를 턱없이 낮춘다. 게다가 있으면 좋지만 없어도 그만인 것이 사람은 무척 가린다. 그래서 쓸데없이 사람의 욕심을 자극해서 일생을 못 쓰게 만들게도 한다. 그러나 소금은 제 자신은 녹아 없어지면서 음식의 맛을 훌륭히 내주고, 성질이나 품질이 변하는 것을 막아 가치를 높여준다. 그리고 누구에게나 없어서는 안 될 만큼 소중한데도 사람을 가리지 않는다. 너무 많이 사용하면 음식의 맛을 버리게 돼 욕심낼 필요도 없다.

나는 그런 소금을 석 섬이나 지고 태어났다는 게다.

그때 어머니는 소금을 부의 척도가 아니라 역할을 상징하는 것으로 생각하셨던 건 아닐까. 그래서 내가 소금 같은 사람으로 살아가게 되리란 생각에 그렇게 흡족해하신 건 아닐까. 아니 그런 사람으로 살아갔으면 하는 바람이었는지도 모른다. 세상에 자식 잘되길 바라지 않는 부모가 어디 있으랴. 부모가 바라는 대로 살 수만 있다면 그보다 더 좋은 팔자는 없으리라.

　아직은 더 살아봐야 알겠지만, 안분지족할 수 있는 여유와 소금만큼 가치 있는 삶을 의미하는 '초가에 소금 석 섬!' 이만하며 좋은 팔자 아닌가.

물통 지킴이

벽에 걸린 달력이 달랑 한 장만 남았다.

세월의 속도는 시속으로 자기 나이라더니 정말 빠르다. 그만큼 나도 나이가 들었다는 얘기다. 겨울이 오면 그저 계절이 바뀌는 것이고 한 해가 저물어가는 것이라는 통념을 벗어나 무엇에서부터 밀려나는 기분이 든다. 그 무엇은 일상일 수도 있고 크게는 삶일 수도 있다. 젊어서는 미래를 내다보고 살고, 나이 들어서는 과거를 돌아보며 산다고 한다. 아무래도 시간상으로 긴 쪽을 생각하니 그럴 수밖에 없을 것이다. 뿐만 아니라 삶의 비중도 각각 그쪽으로 치우쳐 있을 것이다. 나 역시 과거를 추억해 보는 일이 잦아졌다. 겨울의 문턱이고 보니 문득 내가 처음 서울에 올라왔을 때가 떠오른다.

우리 집은 농촌이었다.

오빠가 서울로 고등학교를 진학하면서 할머니가 뒷바라지를 위해 함께 올라오셨고, 이어 막내 고모도 올라와 직장에 다녔다. 나도 초등학교는 시골에서 졸업하고 중학교부터는 서울로 합류하기로 했다. 입학시험이 치열했던 당시 대학에 다니던 오빠는 내가 어리둥절해 시험을 잘못 볼까 봐 시험 일주일 전부터 데리고 올라와 적응하게 했다.

서울집은 마포구 신공덕동의 산동네에 있었다.

지금은 아주 번화한 도심지가 되었지만, 그때는 버스에서 내려 꼬불꼬불한 언덕 골목길을 숨이 턱에 찰 만큼 올라가야 하는 산동네였다. 시골에서 올라와 집에 도착한 날 차멀미로 정신이 없는데 물을 마시니 심한 소독내로 머리가 아플 지경이었다. 그런데 그 역한 물을 돈 주고 사 먹는다는 게 아닌가.

시골집에서 펌프로 맑은 물을 마음껏 길어 먹던 나는 어이가 없었다. 게다가 값까지 비쌌다. 차츰 그럴 수밖에 없는 서울 사정은 이해하게 되었는데, 소독내로 인한 고생은 한참 더 해야 했다. 고모는 힘들어하는 내게 이 물 때문에 서울 여자들이 예쁜 거라고 했다. 정말 내 눈에도 여자들뿐만 아니라 아이들의 얼굴도 뽀얗고 예뻐 보였다. 나는 고모 말을 믿고 숨을 참아가며 빨리 익숙해지려고 애를 썼다.

그렇게 내 서울 생활은 한겨울부터 시작되었는데 적응하느라 힘들었던 수돗물 때문에 중요한 임무 하나가 주어졌다. 당시는 수도가 집집마다 있는 게 아니라 동네에 한 군데에만 있는 공동수도에서 사 먹어야 했다. 오빠나 고모는 사나흘에 한 번씩 집에서 한참 떨어진 공동수도에서 물을 통에 받아 지게로 져 날랐다. 나는 그때 줄을 서서 순서를 기다리는 물통 지킴이가 되었다.

물통은 넓은 양철을 둥글게 말아 붙이고 밑동은 둘레에 맞게 둥 그런 양철로 깔끔하게 올려 막은 둥근 통이다. 열린 위쪽은 지름에다 탄탄한 막대기를 가로질러 박고 그 막대기 가운데에다 홈을 파서 고리를 걸 수 있게 만들었다. 물지게는 좌우에 고리가 달려 있는데 그 고리로 양쪽에 물을 담은 물통 하나씩을 매달고 나르는 것이다. 양철통은 가벼우면서도 용량이 크고 깨질 염려가 없어 물을 길어 나르기에 안성맞춤이었다. 그래서 다른 집 물통도 규격이 같은 양철통이었다.

　사람들은 공동수도 앞에 양철통을 한 줄로 늘어놓고 차례를 기다렸다. 동네가 한꺼번에 물을 받다 보니 수십 개의 물통이 길을 따라 휘어지며 줄지어 있었다. 물통들은 행여 새치기라도 당할까 봐 빈틈없이 붙어서 줄줄이 앞으로 밀려 나가며 북새통을 이루었다. 물은 네 개의 물통에 받았다. 오빠가 물 받은 양철통 두 개를 물지게 좌우에 하나씩 달고 집으로 가면 나는 남은 물통 두 개를 지키고 있어야 했다. 커다란 물독에 물을 쏟고 온 오빠가 줄 맨 뒤에다 빈 통 두 개를 갖다 놓고, 그동안 내가 지키고 있던 물통을 지고 집으로 가면, 나는 다시 뒤로 가 그 빈 통의 순서를 지켜야 했다.

　그렇게 오빠는 물을 받아서 지고 가고, 나는 빈 통을 지키고 있다가 오빠가 다시 빈 통을 줄 맨 뒤에다 갖다 놓고 앞으로 오면 다시 뒤로 가 빈 통 지키기를 반복했다. 자칫 방심하면 사람들이 물통을 뒤로 미뤄 내거나 옆으로 치워 버리는 수가 있다. 순서 때문에 종종 싸움도 일어났다. 날씨가 너무 추운 데다, 일정 시간이 지나면 물이 끊기기 때문에 양심을 찾기가 어려운 시절이었다.

물을 받다가 물통을 바꿀 때마다 흘린 물과, 사람들이 물통을 지고 가면서 출렁일 때마다 흘린 물이 얼어붙어 수도 주변은 빙판이었다. 간혹 물통을 지고 가다 미끄러져 넘어지는 사람도 있었다. 넘어진 사람은 자신이 다친 것보다 물 쏟은 걸 더 속상해했다. 쏟아진 물은 가뜩이나 빙판을 더 단단한 빙판길로 만들었다. 그러다 보니 여간 춥고 발이 시린 게 아니다. 게다가 눈이 오거나 바람이 부는 날이면 눈도 제대로 뜰 수 없을 지경이었다. 그렇다고 자리를 떴다간 물통들이 언제 바뀔지 모르는 상황이라 발을 동동 구르면서도 꼼짝없이 자리를 지켜야 했다.

커다란 물독 두 개가 다 찰 즈음이면 내 얼굴은 꽁꽁 얼어서 빨갛고, 땀이 흐르는 오빠나 고모의 얼굴은 더워서 빨갰다. 내 입은 얼어 움직여지지도 않는데 숨을 몰아쉬는 오빠나 고모의 입에서는 더운 김이 뿜어져 나왔다. 오빠와 고모는 서로 시간 나는 날에 교대로 물을 져 나르지만 나는 매번 물통을 지켜야 했다.

내가 아랫목에 깔린 담요 속을 파고들며 갖은 엄살을 부리면, 내가 오기 전까지 물통 지킴이였던 할머니는 '우리 손녀딸 덕에 내가 호강한다'며 그 턱없는 응석을 다 받아주었다. 다행히 중학교 2학년 때부터는 집집마다 안마당까지 수도가 들어와 물통 지킴이 임무는 일찍 끝난 편이다. 그래도 안마당에 있는 수도에서 부엌까지는 길어다 먹는 상태라 지금처럼 주방 수도꼭지에서 찬물 더운물이 나오는 것에 비하면 여전히 열악한 편이었다. 그 시절이 그리 오래지 않은 것 같은데, 이제 양철통과 물지게는 박물관에나 가야 볼 수 있으니 나도 옛날 사람이 다 된 것 같다.

　내가 물통 지킴이 시절에는 돈도 돈이지만 물긷기가 힘들어서도 물을 아껴 쓸 수밖에 없었다. 그만큼 귀해서 소독내가 코를 찔러도 수질을 의심하지 않고 그냥 마셨다. 그런데 쉽고 흔하게 구할 수 있는 요즘에는 아무리 정부에서 정화를 잘했다고 홍보해도 수돗물을 그냥 먹는 사람은 그리 많지 않다. 정수기를 사용하거나 생수를 사먹거나 끓여 먹는다. 나도 끓여 먹는다. 물뿐만 아니라 모든 물자가 풍부해지면서 의심은 만연되고 인심은 각박해지고 있는 것 같다. 모든 것이 부족한 시절에는 그 부족분을 믿음과 정으로 메꾸며 살았는데, 물질이 그 믿음과 정을 밀어내며 들어와 자리를 차지해 버린 탓일까.

　물통 지킴이 때는 고달픈 일상이었겠지만 추억이라는 액자에 넣어 돌아보니 정겹게 느껴진다. 나이 들어서는 추억의 액자가 많은 사람이 진정한 부자가 아닐까. 단순히 추억이 많다는 게 아니다. 긴 세월 지나오면서 결코 녹록지 않았을 삶의 순간들을 추억의 액자에 넣을 수 있는 마음의 여유와 연륜이 쌓이면 그래도 행복한 삶이 아닐까 싶다.

나만의 춤

봄이다.

올해도 여느 해처럼 많은 젊은이들이 학업을 마치고 사회로 쏟아져 나올 것이다. 그들을 내보내는 학교 선생님들이나 부모들은 한결같이 사회에 꼭 필요한 사람이 되라고 당부하곤 한다. 성공이란 것도 그런 소중한 가치를 지닌 사람이 되라는 의미일 것이다. 그런 사람이 많은 사회가 안정된 사회고, 그런 사회를 유지하는 국가가 부강한 나라이며 그런 국가의 국민이 행복한 것이니 언제 누구라도 간절한 바람이기도 하다. 사회에 필요한 사람을 생각해 볼 때마다 나는 고등학교 수학여행에서의 일이 생각난다.

경주와 부산 해운대를 거쳐오는 3박 4일의 일정이었다.

경주에서의 첫날 밤, 숙소 측에서 마련해준 캠프파이어를 간단히 즐기고 각자 배정된 방으로 들어왔다. 한 방에 번호대로 10명씩 배정 했는데 나는 키가 작아 제일 앞 그룹에 속했다. 대체로 키가 작은 아이들은 얌전하고 소극적인 편이라 한창 들떠 있는 수학여행의 분위기에는 잘 어울리지 않았다. 그런데 우리 방에는 춤을 우리 반에서 가장 잘 추는 춤의 고수가 있는가 하면 공부의 고수가 있었다. 춤의 고수는 공부가 시원치 못하고 공부의 고수는 춤과는 거리가 멀었다. 방마다 음악 소리와 웃음소리가 흘러나오고 시끌벅적하자 우리 방에서도 춤의 고수가 야외용 전축에 판을 걸어 놓고 춤을 추기 시작했다. 같이 하자고 권하기도 했지만, 그 유연하면서도 발랄한 솜씨에 기가 눌린 우리는 대부분 구경꾼이었다. 시간이 조금 지나서야 두어 명이 어떻게 흥을 좀 내볼까 해서 그녀 주위를 서성이며 박수로 장단을 맞추는 정도였다. 그러니 아무리 춤의 고수라 해도 맥이 빠지고 싱거워졌을 것이다. 한동안 현란한 춤 솜씨를 자랑하던 그녀는 다른 방으로 원정을 가버렸고 우리 방은 조용해졌다.

넋 놓고 춤 구경이나 하던 우리는 갑자기 할 일이 없어졌다.

다른 방의 소란함에 밀려 대화를 나눈다는 것도 어설프고 잠을 잔다는 것은 분위기상 말도 안 됐다. 워낙 얌전한 아이들만 모인 터라 게임을 주선하는 아이도 없어 무료하기 짝이 없었다. 춤의 고수 주위를 서성이며 흥을 돋워 볼까 했던 아이들부터 '우리는 이게 뭐냐' 하고 불만을 터트리기 시작했다.

그런데 갑자기 공부의 고수가 춤을 추겠다고 벌떡 일어났다.

우리는 어안이 벙벙하여 그녀를 바라만 보았다. 그녀는 춤을 출 테니 형광등을 꺼달라고 했다. 사실 다른 아이들이 다 춤을 추더라도 그 친구만은 꼼짝도 안 하리라 생각했던 터라 우리 모두는 어리둥절했다. 어쩌면 은연중에 그녀에 대한 우리의 그런 고정관념이 그에게 원망의 시선을 보내게 됐고, 그녀는 우리의 그런 시선과 의중을 느껴 마지못해 그렇게 한 것일 수도 있었다. 아무튼, 우리는 그녀의 부탁대로 형광등을 끄고 음악을 틀기 위해 빨간색 꼬마전구만 켜 놓았다. 음악이 흐르자 정말 그녀는 춤을 추기 시작했다.

글쎄, 그걸 춤이라고 해야 할까.

춤이라면 오직 그녀만 출 수 있는 춤이었다. 화장실 문 앞에서 급한 생리 현상을 참으며 순서를 기다릴 때의 동동거림에다, 등에 머리카락 몇 올이 들어가 스멀거릴 때의 동작을 합친 모습이다. 그러나 눈을 꽉 감고 입을 앙다문 얼굴은 산고의 고통을 참아내는 듯한 표정이었다. 우리는 그녀의 우스꽝스런 몸짓에 웃음이 터졌지만 고통스러워하는 그녀의 표정 때문에 차마 소리를 낼 수는 없었다. 나뭇잎 굴러가는 것만 보아도 웃는다는 나이에 그것은 고통이었다. 한 손으로는 입을 막고 한 손으로는 방바닥을 치기도 하고 벽을 치기도 하면서 필사적으로 웃음을 참아야 했다. 하지만 킥킥거리는 소리로, 아무리 눈을 감았다 해도 우리들의 모습을 그 친구가 모를 리 없었다. 그래서 금방 그만둘 줄 알았는데 친구는 계속해서 그 개성적인 춤을 추고 있었다.

나는 저러다 만일 저 아이가 눈을 뜨면 울어 버리거나 아예 방 밖으로 뛰쳐나갈지도 모른다는 생각이 들었다. 그래서 벌떡 일어나 "우리도 같이 추자!" 하고 아이들을 선동하며 바로 그 아이 앞에서 춤을 추기 시작했다. 물론 나도 오로지 나만이 출 수 있는 춤이었다. 나는 계속 아이들에게 손짓으로 일어나라고 부추기며 몸을 흔들었다. 나의 선동 때문인지, 아니면 웃음을 참느니 차라리 나처럼 개성적인 춤을 추는 게 낫다 싶었는지, 모두들 일어나 몸을 흔들기 시작했다. 동기야 어쨌든 분위기를 이끌어 보려고 체면마저 던져버린 애절한 친구의 모습에서 감동과 용기를 얻은 것이다.

우리는 저마다 자기만 출 수 있는 상대방의 개성적인 춤을 바라보며 비로소 시원스레 박장대소를 터뜨렸고, 분위기가 달라진 것을 감지한 우리의 모범생도 눈을 뜨고는 활짝 웃었다. 방안 가득히 킵 온 러닝, 프라우디 메리, 울리불리 등 당시 유행하던 빠른 서양 음악이 울렸지만, 그것은 춤을 추기 위한 리듬이라기보다 빨간색의 꼬마전구와 함께 우리의 부끄러움을 감추기 위한 포장에 불과했다.

우리가 신이 나서 각자 개성적인 춤을 추는 동안 일찍 시작한 다른 방은 하나둘 지쳐 조용해지기 시작했다. 처음부터 우리 방은 일찍 불 끄고 잘 거라고 모두들 예견했는데 늦도록 음악소리가 들리자 의외였는지 다른 방 아이들이 몰려와 우리 방의 문을 열었다. 우리는 개의치 않고 보란 듯이 춤을 추었다. "야! 이 방 분위기 근사하다." 하는 탄성이 나오고, "우리도 불 끄고 다시 하자!" 하는 소리도 들렸다. 원정 갔던 춤의 고수도 뛰어들더니 왜 진작 이러지 않았냐며 유연하게 춤을 추기 시작했다. 우리는 조금 전처럼 기도 죽지 않았고 구경꾼도 되지 않았다. 그리고 개성적인 동작이 춤의 고수 동작에 따라 어설프게나마 통일성을 찾아가고 있었다. 그 날밤 우리는 어느 방보다 흥겨웠고 잊을 수 없는 추억을 남겨 영원히 기억될 수 있었다.

자기가 웃음거리가 될 것을 뻔히 알면서도 기꺼이 일어나 괴상한 춤을 추었던 친구! 그러기까지 얼마나 고심했을까. 아이들의 눈총이 얼마나 부담되었을까. 아마 일이 등을 놓치지 않는 그녀의 학과성적보다 더 힘들었을 수도 있다. 그래도 그렇게 멋지게 극복해낸 그 친구야말로 이 사회 어디선가 꼭 필요한 사람이 되어 있으리라.

이루어지지 못한 추억

편지를 쓴 장본인이 직접 건넨 쪽지 편지에선 쓴 사람의 숨결과 체온이 느껴진다. 더군다나 연정을 품은 이성에게서 온 것이라면 더 말해 무엇하랴.

내게도 결혼 전 그런 쪽지 편지로 가슴 설레던 일이 몇 번 있었다. 그중에서도 고등학교 삼 학년 때 받은 쪽지 편지는 두고두고 생각난다. 내용은 다 그렇고 그런 연서여서 별 게 아닌데 그 편지에 얽힌 사연이 긴 아쉬움을 남긴다.

고등학교 삼 학년 여름이었다.

방학 동안 독서실 정기권을 끊어 공부했는데, 독서실에 나간 지 며칠 안 되어 한 남학생의 심상치 않은 눈길이 느껴졌다. 자연히 나도 그를 곁눈질로 살피게 되었다. 키도 크고 얼굴도 말쑥하고 인상도 순해 보이는 게 한마디로 괜찮은 남학생이었다. 독서실 주인과 나누는 얘기를 엿들으니 그 역시 고3이었다. 흠잡을 데 없는 외모는 거기에 공부까지 잘한다면 얼마나 좋을까 하는 마음을 더욱 간절하게 했다. 그때는 고교입시가 치열하던 때로 고등학교에 대해 소위 일류니 이류니 하는 세속적 구분이 사람들 의식 속에 강하게 인식되어 있었다. 그래서 교복과 학교 배지는 착용한 사람의 신분뿐 아니라 그 사람의 지적 수준까지 가늠해 주는 잣대 구실도 했다. 그 남학생도 교복만 입었으면 내 의구심은 간단히 해결되는데 그는 늘 사복 차림이었다.

나는 집에서 독서실에 갈 때는 사복이지만 학교에서 바로 가면 교복을 입은 채로 갔다. 나도 교복을 입었으니 너도 입고 나와라 하는 암묵적 사인이기도 했다. 그러나 그는 사복 입은 모습이 멋있게 보여서 그러는지 옷을 자주 갈아입으면서도 교복은 입지 않았다. 그것이 마음에 걸려 그 남학생에게 끌리는 마음을 애써 단속했다. 요즈음 시각으로 보면 유치한 모습이지만 그때는 그때 나름의 풍속도이기도 했다.

며칠이 더 지난 어느 날이었다.

독서실에 나가보니 내 책상 위에 사각으로 접혀 꼬리를 내민 쪽지가 얌전히 놓여 있었다. 그 편지를 보는 순간 조금 전까지도 마음 졸이며 궁금해하고 걸림돌로 생각되던 그의 학교에 대해 갑자기 아무래도 좋다는 생각이 들었다. 어느 학교든 그저 공부만 웬만큼 했으면 싶었다. 그 마음이 간절할수록 실력이 아주 형편없으면 어떡하나 하는 불안도 커졌다.

두근거리는 마음을 진정시키며 조심스레 편지를 펼쳐 들었다.

필체는 시원시원하면서도 정갈한 게 주인을 닮아 있었다. 그런데 몇 줄 읽어 내려가다 난 그만 실망하고 말았다. 차라리 내용이 유치하거나 어디서 베낀 문장이었다면 그렇게까지 실망스럽진 않았을 것이다. 쪽지 편지나 연애편지가 얼마간은 그런 속성을 가지고 있는 게 매력일 수도 있는 것이니까. 내가 실망한 건 말끝마다 '―습니다'로 맺고 있는 문장이었다. 물론 요즈음이라면 그게 뭐 어때서 그러냐고 할 것이다. 그러나 그 시절 한글 맞춤법은 '―습니다'가 아니라 '―읍니다'였고 그건 고등학교 삼 학년이라면 범할 수 없는 상식에 속하는 맞춤법이었다. 한두 번 그렇게 썼다면 그저 실수거니 할 수도 있겠으나 그는 한 장 빼곡히 쓴 글의 군데군데에 그렇게 쓰고 있었다. 한 마디로 말끝마다 그렇게 썼다. 차라리 동급생이니 양해를 구하고 반말로 썼으면 몰랐을 텐데, 꼬박꼬박 존대를 하느라고 그리 썼다. 맞춤법 실력이 그 정도라면 다른 수준도 그에 준할 거라는 생각에 내 실망은 이만저만이 아니었다. 준수한 외모는 너무도 아까웠지만 난 더 이상 그에게 관심 갖지 않기로 마음먹었다.

쪽지를 보낸 후 그의 눈길은 더욱 집요해졌고, 난 그 눈길을 감당할 수 없어 독서실을 그만두고 말았다. 하지만 아쉬움은 한동안 갔다. 그냥 다시 독서실에 나갈까 고민도 되었다. 그럴 때마다 쪽지 곳곳에 쓰여진 '―습니다'가 아른거려 도리질을 쳤다.

그 후에도 나는 빈틈이 없다거나 호락호락한 데가 없다는 평을 들었다. 처음엔 그게 칭찬인 줄 알고 그런데 왜 내겐 멋진 사랑이 안 생기는 거냐고 속상해했다. 나를 몰라주는 뭇 남성들도 야속했다. 조금 더 시간이 지나 그 평은 '옹졸하고 인간미 없다'는 뜻이라는 걸 알았다. 그래서 좋은 일도 좋은 남자도 안 생기는 거라는 걸 깨닫고 성격을 고쳐 보려 했지만, 이미 그때는 낭만적인 일을 만들기에는 너무 나이가 들어버린 뒤였다. 결혼은 중매로 선을 보고 했다.

그런데 결혼하고 큰아이가 초등학교에 들어가던 해부터 그토록 철칙 같은 '-읍니다'의 맞춤법이 '-습니다'로 바뀌었다. 그 사실이 발표되었을 때 난 가물가물한 기억 속에서 그 남학생을 떠올렸다. '그는 무식한 게 아니라 선견지명이 있었구나' 하는 생각에 씁쓸한 웃음이 나왔다. 훤칠한 키와 준수한 외모를 가진 그 남학생은, 그때 내가 왜 자기를 외면했다고 생각했을까. 그 편지를 쓰기까지 얼마나 고심했으며 얼마나 내 눈치를 살폈을까. 어쩌면 그도 내가 자기에게 어느 정도는 호감을 가지고 있다는 것을 눈치채고 편지를 썼을지도 모르는데…. 그런 생각을 하노라니 새삼스레 미안함과 아쉬움이 산처럼 일었다. 정말 그 남학생을 다시 만날 수만 있다면 만나서 사과라도 하고 싶다.

사실 글을 쓰다 보면 맞춤법이 얼마나 까다로운지 주의를 한다고 해도 매번 몇 군데씩 틀린다. 게다가 맞춤법도 시류에 따라 바뀌기도 하고 신조어도 많이 나와 혼란스러울 때가 많다. 아마 내 글을 보고 맞춤법이 틀려 무식하다고 생각하는 사람이 있을지도 모른다. 준수한 외모를 갖고도 맞춤법 하나로 외면당한 그 남학생처럼, 나도 글은 좋은데 맞춤법이 틀려 외면당하는 일은 없는지 모를 일이다.

가끔 친구들과 담소를 하다 지난날의 연애담이 나오게 되면 난 그 남학생을 필두로, 편협한 성격만 아니었다면 이루어질 수 있었던 추억 몇 토막이 떠올라 쓸쓸해진다. 가슴이 허전해지며 나 자신이 미욱스러워지기도 한다.

젊은 사람 중에는 미래에 대한 꿈을 많이 가진 사람이 아름다워 보이고, 나이 든 사람 중에는 추억을 많이 가진 사람이 아름답게 보인다. 특히 젊은 시절의 아름다운 추억을 많이 간직하고 있는 중년 이상의 사람들을 보면 나이보다 젊어 보이고 생활 모습도 여유로워 보인다. 어떤 면에서는 그런 사람들이 물질적으로 많이 가진 사람들보다 즐겁게 사는 것 같아 한없이 부럽고 존경스럽다. 그만큼 아름답고 넉넉한 품성을 지닌 사람일 테니까.

석양을 등지고 서 있는 소년

　추억은 사연으로도 남지만 영상으로도 강하게 남을 수 있다.
　정말 내 얘기인가 싶은 아주 어린 시절 아련한 영상 하나가 가슴 깊이 새겨져 있다.
　초등학교 6학년 초. 한 남자아이가 서울에서 우리 반으로 전학 왔다. 아이는 우리와는 비교가 안 될 만큼 깔끔하고 잘 생겼다. 당연히 아이는 우리를 촌스럽게 본 모양이었다. 자기는 공부를 전혀 안 하고도 5등 안에 들 수 있다고 호언장담했다. 그런데 그때 우리 반은 담임 선생님의 열정으로 다소 성적이 우수한 아이들을 모아 반 편성을 한 터라 다른 반에 비해 성적이 우월한 편이었다. 얼마 안 있어 시험이 있었다.
　국어성적부터 발표됐는데 내가 1등, 그 아이가 2등이었다.
　"병숙이가 누구니?" 하는 작은 목소리가 들렸다. 그 목소리를 따라간 내 시선과 누군가의 손가락을 따라온 그 아이의 시선이 마주쳤다. 무심한 내 시선과 달리 아이의 시선은 사각의 링 위에서 챔피언을 노려보는 도전자의 눈빛처럼 날카로웠다. 전 과목의 성적이 발표된 결과 아이의 성적은 애들의 야유를 살 만큼 신통치 못했다.

항상 그런 건 아닌데 공교롭게도 그때 시험은 내가 일등을 했다.

당시는 중학교 입시가 치열했던 터라 시험이 잦았다.

담임 선생님은 교실 뒷벽에 대형 모눈종이를 붙여 놓고 자기의 성적을 막대그래프로 칠하게 했는데, 파란색과 빨간색 색연필로 번갈아 칠해 키를 높였다. 그 아이는 나보다 성적이 좋은 아이들도 있는데 꼭 내가 성적을 칠하는 걸 지켜보고 있다가 제 성적을 칠했다. 그것도 내게 색연필을 빌려서 칠했다. 어느 날 제 막대그래프가 내 것을 넘어가자 '이제 됐지' 하는 표정으로 미소 지었다. 어쩐지 승자의 미소가 아니라 '이제 친하게 지내도 되지?' 하는 듯 다정한 미소였다.

나는 서울로 진학했고 그 아이는 그곳의 중학교로 진학했다.

주말이면 시골집에 내려가 초등학교 때 친구들을 만나곤 했는데, 어느 날 나는 친구들로부터 내가 자기네 학교 전교생이 궁금해할 만큼 유명하다는 얘기를 들었다. 나는 놀라 무슨 얘기냐고 물었다. 훤칠한 중학생이 된 그 아이에게 많은 여학생이 관심을 보였는데, 아이는 공공연하게 내 칭찬을 하며 나 외에는 아무도 관심이 없다고 한다는 게다. 그래서 우리 초등학교 출신은 물론 타교 출신들도 내 이름을 다 알고 궁금해한다는 것이다, 그제야 색연필 일을 비롯해 '뭐 저런 애가 다 있나' 싶게 의아했던 많은 일이 새록새록 떠오르며 그 진의를 알 것 같았다.

교실 청소를 하려면 교실에서 제법 떨어진 운동장 가에 있는 펌프에서 양동이에 물을 길어다 해야 했다. 내가 양동이를 들고 펌프로 가면 마치 숨어서 보고 있던 것처럼 아이는 달려와 펌프질을 해서 물을 받고는 양동이를 같이 들고 교실로 갔다. 그런데 교실까지 가는 게 아니라 복도 입구까지만 가서는 양동이를 내려놓고 "이제 너 혼자 들고 가." 하고는 씩 웃고 어디론가 가버렸다. 나는 들어주려면 끝까지 들어줄 것이지 치사하게 도망간다고 소리쳤다. 그러면 그는 돌아서서 한 번 더 씩 웃고는 가버리곤 했다. 그것도 매번이라는 표현을 쓸 만큼 여러 번이었다.

점심시간에 집에서 밥을 먹고 학교로 오다 보면, 그 애가 어디서 기다리고 있었던 것처럼 나타나 같이 걸어가다가도 교실 가까이 오면 또 먼저 가버리곤 했다. 내가 주번이라 일찍 학교에 가는 날이면, 그 아이가 더 먼저 와서 기다리고 있다가 이런저런 얘기를 주고받다가도 애들이 오기 시작하면 슬며시 자리를 뜨곤 했다.

처음에는 그 애가 내 칭찬만 한다는 친구들의 얘기를 그저 농담으로 흘려들었다. 그런데 집에 내려갈 때마다 시샘 어린 놀림을 받자, 민망해진 나는 편지를 써서 그 애에게 전해달라고 했다. '너 때문에 집에 내려오기가 창피하다, 앞으로는 너네 학교 애들에게 내 얘기 절대 하지 마라, 학생이니 공부만 열심히 하자.' 그런 내용이었다. 그런데 다시 시골집에 내려갔을 때 편지를 전해준 친구는 그 아이가 내 편지를 받은 후 무척 침울하게 지낸다고 했다. 그리고 내게 너무 그러지 말라며 아이의 불우한 가정환경을 들려주었다. 아이는 부모의 이혼으로 엄마와 서울에서 살았는데 형편이 여의치 않아 아버지 집으로 내려와 새엄마와 이복동생들과 살고 있다는 것이다. 이혼이 큰 변고로 여겨지던 시절이라 나는 적지 않은 충격을 받았다.

　사실 나도 그 아이가 싫은 건 아니었다.

　친구들이 놀리니 그게 민망한 것뿐이었는데 침울하게 지내며 더군다나 그런 환경이라니 여간 미안한 게 아니었다. 그 후 버스에서 내려 집을 향해 가는데 길 건너편에서 그 아이가 걸어가는 모습이 보였다. 나는 아는 척을 하려 했으나 아이는 나를 보더니 그냥 골목으로 피해버렸다. 나는 그 아이에게 몹쓸 짓을 한 것만 같아 마음이 무거웠다.

　중학교 삼 학년 어느 토요일 오후 집에 내려갔을 때다.

　마침 단오라 동네 한쪽에 임시로 씨름판과 그네 터가 생겼다. 나는 집에 도착하자마자 책가방을 던지고 그네 터로 향했다. 그네 발판에는 아주 긴 밧줄이 매여있고, 밧줄에는 칸칸이 붉은 매듭이 묶여있어 그네 타는 사람의 높이를 측정해서 상을 주었다. 석양을 받아 눈이 부신 데다 그네 타는 사람만 보느라 앞에 누가 오는 걸 인식하지 못했다.

　"왔니?" 하는 말을 듣고서야 나는 발길을 멈추고 앞사람을 눈여겨보았다. 석양을 등지고 그 아이가 빙긋이 웃고 있었다. 갑작스런 일이라 처음에는 놀랐지만 이내 나도 반갑게 아는 체를 했다. 이제 아이가 아니라 소년이었다. 그날은 그냥 반갑게 웃으며 인사만 하고 헤어졌다.

이튿날 마침 장날이었는데 싸전에 위치한 우리 집 마당을 그 애는 연신 오르락내리락했다. 나는 나를 찾는 것을 눈치채고 나가 시치미 떼고 "어디 가니?" 물었다. 그 애는 활짝 웃으며 "그냥." 하고 발걸음을 멈췄다. 그 애는 멋쩍어하며 친구들 얘기를 하다가 내게 호감을 조심스럽게 드러냈다. 그간 친구들이 들려주었던 얘기가 모두 사실이었다. 아니 그 이상이었다. 그 애 얼굴에서는 미소가 떠나지 않았고 내 가슴은 뛰었다. "올라갈 시간 다 됐다." 하는 엄마의 목소리가 들리자 그 애는 몹시 아쉬운 표정을 숨기지 않았다. 나도 예전에 쌀쌀맞게 행동한 걸 부식시키는 의미로 "또 만나자."라고 말해주었다. 아이는 아주 흡족한 표정으로 손을 흔들며 뒷걸음으로 걸어가다 이내 몸을 돌려 뛰어갔다.

이후 나는 고교입시 준비를 하느라 자주 내려갈 수 없었다.
어느 날, 오랜만에 집에 내려갔는데, 친구들이 마치 내가 꼭 알아야 할 얘기처럼 그 애의 근황을 들려주었다. 또 집안에 어려운 사정이 생겨 아버지 집은 다른 데로 이사하고 그 애는 다시 서울 엄마한테로 갔다는 게다. 내가 고등학교에 진학하고 내려갔을 때는 그 애가 아무 연고도 없는 그곳에 내려와서 친구네 집에서 묵고 갔다는 얘기를 들었다. 그날 혹시나 내가 내려오지 않을까 몹시 기다렸다고 한다. 나는 가슴이 짠해지면서 그 아이의 평안을 빌었다. 그리고 수채화 같은 그림 두 개를 가슴 깊이 새기게 되었다.

단오날 그네 터 앞에서 석양을 등지고 빙그레 웃고 있던 소년의 모습과 시골 우리 집 앞에서 환희에 젖어 뒷걸음으로 손을 흔들며 멀어지던 그 애의 모습이다.

그중에서도 '석양을 등지고 서 있는 소년'의 모습은 모나리자보다 더 아름다운 그림으로 간직되었다.

잡초의 여정

작은아들의 여름 방학 숙제에 식물 채집이 있었다.

날 잡아 교외라도 나가 보리라 벼르기만 하다가 시일이 촉박해져 궁여지책으로 아파트 단지 내에서 채집해 보기로 했다. 다행히 단지가 넓어 아이와 함께 잔디밭을 돌며 식물을 채집해 보니 의외로 많은 식물을 만날 수 있었다. 민들레, 쑥, 토끼풀, 싱아, 씀바귀, 까마중, 명아주, 냉이, 강아지풀, 쇠비름, 질경이, 삘기, 달개비 등 이름 모를 풀까지 합치면 그 수를 헤아릴 수 없을 정도다. 식물을 뽑아서 아이에게 주며 이름을 말해주자 아이는 이름이 모두 이상하다고 했다. 그러고 보니 식물들은 모두 내가 어린 시절 시골에서 살 때 보던 식물들로 촌스러울 수도 있다. 그래서 아이는 이상하다고 느꼈겠지만 나는 정답게 여겨졌다. 생김새도 각양각색으로 앙증맞고 아기자기한가 하면 넓적하여 쉽게 눈에 띄는 것도 있고 잔디와 흡사하여 구별이 쉽지 않은 것도 있다. 아마도 제 나름대로 살아내는 방편이리라.

하지만 이들은 이름도 모양도 아랑곳없이 그저 잡초란 이름으로 잘 다듬어진 잔디밭의 천덕꾸러기일 뿐이다. 인부들의 일손이 달리기 망정이지 하마터면 빛도 보지 못할뻔한 풀들이다. 그에 비해 새파란 융단 같은 잔디는 인부들의 손길을 받으며 주민들의 사랑을 받는다. 그 많은 종류의 풀들이 잔디 하나를 위하여 숙명처럼 목숨을 내놓고 사는 것이다. 하필 잔디밭에 태어난 게 죄라면 죄다.

그래도 잔디밭은 나은 편이다. 부지런한 농부의 채마밭엔 아예 발붙여 보기도 힘들다. 조금 게으른 농부의 채마밭에도 겨우 발붙이고 자리를 잡을만하면 농부들이 김을 매고 제초제를 뿌려대 목숨을 부지할 수가 없다.

아파트 단지 내에서는 그토록 호강으로 지내던 잔디도 채마밭에 들어가면 별수 없는 잡초다. 여지없이 다른 풀들과 함께 수난을 면치 못한다. 하지만 농부의 절대적인 보호 속에 자라는 채마라고 항상 그런 대접만 받는 건 아니다. 공원이나 고궁의 잘 다듬어진 잔디밭에 누군가 떨구고 간 참외씨가 뿌리를 내려 덩굴을 뻗기 시작하면 그 역시 참외이기 선에 잡초일 뿐으로 수난을 면할 수 없게 된다.

그래도 잔디나 채마는 제 자리만 찾아 뿌리를 내리면 극진한 보호를 받을 수 있다. 잡초는 애초 자리가 따로 없다. 반면 자리가 따로 없다는 것은 어느 곳이든 다 태어날 수도 있는 조건이기도 하다. 어느 곳이든 잡초가 무성해지면 잡초밭이다. 그런데 잡초밭에 채마나 잔디가 들어간다고 해서 잡초가 그들 밭에 들어갔을 때의 그런 괄시는 하지 않는다. 다만 채마나 잔디는 잡초 특유의 강인한 생명력에 지레 기가 눌리거나 스스로 특권 의식의 근성을 못 버려 자멸

하는 수가 많다.

　장소에 따라서는 강인한 생명력으로 다른 농사를 망치게도 하는 잡초지만 들과 산에서는 탄탄한 그들만의 역할이 있다. 미생물과 곤충들에겐 삶의 터전이요, 초식동물에겐 먹이이며, 큰비에 흙이 쓸리는 것을 막아 주고, 죽어서는 흙에 흡수되어 거름이 되는 생태계의 파수꾼이다. 어쩌다 길을 잘못 들어 구박받고 목숨을 잃기도 하지만 그런다고 발길을 멈출 그들이 아니다. 밟히고 뽑히더라도 흙이 있는 곳이면 그들은 어디든 찾아가 뿌리를 내린다. 비록 세인의 관심은 끌지 못하지만, 그들에게도 엄연한 한살이가 있다. 뿌리에서 줄기가 올라오고 잎이 돋고 꽃이 피고 씨방을 만든다. 누구를 의식하지 않고 조용히 모든 일정을 수행하며 끈질기게 다음 생을 준비한다. 그들은 잔디나 채마처럼 대접받기보다는 더불어 살기를 바라며 자연의 질서에 누구보다 순응할 줄 안다. 그래서 그들의 생명력은 곧 자연의 생명력이다.

　잔디밭이나 채마밭에서는 천덕꾸러기로 막무가내로 뽑히지만, 막상 풀 한 포기 나지 않는 땅이라면 그건 불모지요 죽음의 땅이다. 그런 곳에서는 어떤 생명도 살 수 없다. 잡초가 끈질기게 살아주어야만 그 땅은 기름지고 그런 땅이라야만 잔디도 나무도 꽃도 채마도 자랄 수 있다. 또 그런 곳이라야만 곤충도 동물도 사람도 살 수 있다. 그런데도 잡초는 세파에는 인정받지 못한다. 만일 잡초가 그런 세파가 원망스러워 항명하거나 삶을 포기한다면 크나큰 재앙이 따를 것이다. 제아무리 훌륭한 나무나 동물도 잡초가 살지 못하는 땅에서는 생존할 수 없다.

 평소에는 거들떠보지도 않다가 선거철만 되면 서로 자기도 서민이라고 하는 정치인들도 이런 잡초의 힘을 알아서일까. 부모덕에 호의호식하고 살았으면 큰 흠이라도 되는 양 어찌어찌 가난하게 살았노라고 과장하는 걸 보면 괜스레 사기당한 것도 같고 무얼 도둑맞은 느낌마저 든다. 민초가 없고는 어떤 위정자도 존재할 수 없고 민초의 힘이 무력한 나라는 국가의 안위마저 위태롭다.
 멸시와 천대 속에서도 흙이 있는 곳이면 어디든지 가서 꿋꿋이 뿌리를 내리는 잡초의 여정에 힘찬 박수를 보낸다.

내 고향 특산품

고향이라면 으레 조용하고 아늑한 곳을 떠올리지만, 나는 좀 다르다. 경기도 파주군 천현면 동문리가 고향인 나는 먼지가 날리는 신작로에 군인들을 실은 각종 군용 차량들과 위장막을 덮은 탱크가 지축을 울리며 지나고, 완전 군장한 군인들의 끝도 보이지 않는 행렬이 먼저 연상된다.

다섯 살 때, 가까운 면 소재지인 법원리로 이사를 나왔다(지금은 천현면이 읍으로 승격하여 파주시 법원읍이 되었다). 면 소재지이기는 해도 미군이 주둔하고 있어서 군인들과 군용차량의 행렬은 흔히 있는 일이었다. 탄피도 심심치 않게 나돌아 남자아이들은 장난감으로 가지고 놀곤 했다. 실제 친구 동생은 터지지 않은 총탄을 단순한 탄피인 줄 알고 돌멩이로 두드리다 폭발해 한 손을 잃은 일도 있었다.

학교에는 혼혈아가 꽤 있었다.

가끔 혼혈인들이 어린 시절 따돌림을 당해 서러웠다고 하는데, 우리는 금발의 여자 혼혈아를 전교 어린이 부회장으로 뽑을 만큼 구별 없이 잘 지냈다. 아버지가 미군 부대에 다니는 아이도 몇 있었다. 그 아이가 종종 껌이나 분유 등을 가지고 오면 아이들은 그걸 얻어먹기 위해 그 애 주변으로 몰려들곤 했다. 합창반에 들었던 나는 미군 부대로 위문 공연하러 갔다가 빵과 우유를 먹은 적이 있었다. 난생처음 마셔본 뽀얀 우유와 부드러운 빵이 어찌나 맛이 있던지 지금도 그때 부른 노래는 기억나지 않고 그 빵과 우유만 눈에 선하다.

혼혈 친구들과는 잘 어울려 놀면서도 미군은 두려워했다.

고향인 동문리에 육촌 오빠네를 자주 가곤 했는데 중간에 미군 부대 곁을 지나야 했다. 그때 망루에 흑인 미군이 경계를 서고 있으면 무서워 지나질 못하고 누가 지나가기를 기다렸다가 같이 가곤 했다.

반면 더 어릴 적 동문리에서 살 때는 미군의 덕을 톡톡히 보기도 했다. 내가 돌이 지나 아장아장 걸을 무렵이라고 한다. 마당가에 묻어두었던 거름독에 빠진 나를 할머니가 엉겁결에 꺼내긴 했는데 이미 사색이 짙었다고 했다. 그때 아버지가 산에 비상 훈련 나왔던 미군 부대로 찾아가 손짓 몸짓으로 아기가 죽어가고 있으니 도와달라고 호소했단다. 아버지의 성화로 쫓아온 미군 병사가 응급조치 후 약을 주고 간 덕에 빨리 회복할 수 있었다고 한다. 우리가 법원리로 이사 나온 후 그곳에 사는 조카도 미군에게 큰 의료 도움을 받고 한복 한 벌을 감사의 뜻으로 전한 적도 있다.

농사를 지으시는 부모님은 계속 고향에 사시고 오빠와 나는 학업을 위해 할머니와 함께 중학교 때부터 서울로 분가를 했다. 그때부터 내 고향은 동요 '고향의 봄'에 나오는 고향의 이미지와는 거리가 먼 곳이란 걸 인식하기 시작했다.

처음에는 시골집에 자주 내려갔으나 차츰 내려가는 횟수도 줄이고 가도 집에만 있다가 돌아오곤 했다. 특히 해동극장이 있는 가장 번화가인 사거리에는 웬만하면 가지 않았다. 미군들을 상대하기 위한 요란한 상점들, 알록달록한 문자가 새겨진 옷을 입고 왁자지껄하게 활보하는 미군들의 언행을 보면 눈살이 찌푸려졌다.

미군이 철수한 뒤로도 군사지역의 특색은 벗어날 수 없었다.

친척 집에 가기 위해 임진강 유역 들을 걷다 보면 군인들이 훈련하는 포 소리와 북한에서 보내는 대남 선전방송을 여름철 매미 소리처럼 흘려야 했다. 특히 작은집에 가려면 임진강을 건너야 하는데 다리 끝에 군인들이 지키고 있는 검문소를 거쳐야 했다. 군인들은 요구한 학생증을 받아놓고도 속이 뻔한 질문을 해대며 쉽게 보내주지 않아 애를 먹곤 했다.

고등학교를 졸업한 후, 부모님마저 고향을 떠나오면서 시나브로 고향에 발길을 끊게 되었다. 아쉬움은 없었다. 누가 꼭 집어 고향을 물으면 할 수 없이 경기도 파주라고 대답하지만 대체로 서울태생인 양하면서 지냈다. 그래도 집안 대대로 토박이인 데다 친척과 선산도 있고 성장한 곳이다 보니 속마음까지 연을 끊을 수는 없었다. 매스컴이나 바람결에라도 그곳 소식이 들리면 귀가 쫑긋거리고 좋은 소식이면 마음이 뿌듯해지곤 했다. 고향을 찾아가는 티브이 프로에 파주가 나오면 사람들의 말투에서조차 서울말과 미세한 차이를 느끼며 마음이 편안해지곤 했다.

　부모님이 돌아가셔서 선산에 모신 뒤 다시 매년 고향 나들이를 하게 되었다. 다행히 고향은 칙칙했던 옛 모습을 많이 씻어내고 있었다. 단층 건물 서너 동에 펌프질로 물을 긷던 초등학교는 3-4층 교사(校舍)에 운동장에는 인조 잔디가 깔린 세련된 교정으로 변했다. 자주 소풍 가서 뒹굴던 율곡산소는 자운서원이라는 유적지로 정숙하게 확장 조성되었다. 김신조 일행의 공비가 출몰한 초리골 입구에는 아담한 산정공원이 꾸며졌다.

　언젠가 모임에서 파주의 헤이리 마을과 영어마을을 들먹이며 좋더라는 얘기가 나왔다. 나는 얼결에 파주가 고향이라고 했다. 지인은 "그래? 좋은 데 살았네." 하며 관심을 보였다. 그러잖아도 고향이 다른 지역과 그저 다를 뿐 결코 부끄러운 곳이 아니었음에도 밝히길 꺼렸던 나는 미안한 마음으로 아무나 경험할 수 없는 고향만의 특성을 당당히 들려주었다. 서울과 가까운 입지를 살려 출판단지, 전자단지 등 대단위 산업단지들이 들어서고 고급 아파트 단지들이 곳곳에 들어서 이제 파주는 서울의 위성도시로 손색이 없어졌다.

　나는 비로소 전화위복이란 말을 실감했다.

　부모님 산소에 성묘할 때마다 유난히 하늘은 청명하고 공기는 상쾌하게 느꼈는데, 처음에는 그저 부모님에 대한 그리움 때문이려니 했다. 그런데 거듭 겪고 보니 실제 그곳의 환경이었다. 군사지역으로 삶에 제약을 받는 동안 자연은 올곧이 보호받아 청정지역이 된 것이다. 그리고 이제 그 청정지역은 또 다른 역사의 흐름을 타고 있었다.

성묫길에 임진각 근처에 살고 계신 고모님을 찾아뵙곤 하는데 전에 없는 기류를 느낄 수 있었다. 경의선 철도 종착역이었던 문산역까지는 전철이 다니고, 철로는 운천 임진각을 지나 도라산역까지 북으로 바짝 더 연장되었다. 아직은 주로 관광객이 찾는 도라산역은, 물 위에 떠 있는 오리가 고요해 보이지만 물속의 발은 분주히 움직이는 것처럼, 곧 있을 역사의 전환을 대비해 숨을 고르고 있다. 북한 생활용품을 전시한 휴게실 건물이 고작이던 임진각은 머지않아 남한과 북한이 하나가 되어 축제의 장을 펼칠 드넓은 평화누리공원으로 환골탈태 되었다.

사람 사는 곳은 청정지역으로 남고, 아예 사람이 들어갈 수 없었던 비무장지대는 세계가 주목하는 자연 생태계의 표본이 되었다. 이제 그 살벌했던 곳은 세계평화공원의 꿈을 꾸고 있다. 세계 유일의 분단국가로 핵의 위협도 있지만 그럴수록 의연하게 평화를 지켜내고 있는 곳이 내 고향 파주다.

이만하면 내 고향 특산품은 세계평화라고 할 만하지 않은가.

모진 풍상을 견딘 나무가 탐스런 꽃을 피우고 튼실한 열매를 맺듯, 한때 전쟁의 잔영으로 어둡던 파주는 세계평화의 태동을 지나 서서히 개화를 준비하고 있는 것이다. 개화하고 나면 통일이라는 튼실한 열매를 맺을 날도 멀지 않으리라. 그리고 고향은 그 열매의 황홀한 맛을 가장 먼저 맛보리라.

비상금

초등학교 6학년인 큰아이가 며칠 전에 수학여행을 다녀왔다.

떠나는 날 나는 아이에게 용돈 외에 만 원짜리 한 장을 따로 챙겨 주었다. 아이는 용돈만으로도 충분하다고 했지만, 비상금이니 따로 잘 간수했다가 급한 일이 생기면 쓰라고 했다. 아이는 의아해하며 급한 일이 뭐냐고 물었다. 만일 길을 잃었을 때 집까지 올 수 있는 차비라고 하자 아이는 그런 일은 없을 텐데 괜히 잃어버리면 어쩌냐며 한사코 안 가져가겠다고 했다. 그래도 집 떠나면 무슨 일이 생길지 모르니 누구든 비상금은 꼭 필요한 거라며 부득부득 넣어 주었다. '만일 옛날 엄마 같은 어른을 만나면 안 되거든' 차마 낼 수 없는 말을 속으로 삼키며 여러 가지 주의를 당부했다. 집을 나서는 아이의 뒷모습에 옛날 한 아이의 모습이 겹치면서 가슴이 아릿해졌다. 그 아이도 꼭 아들아이 또래다.

고등학교 2학년 초겨울의 일이다.

아현동에 있는 시립 도서관에서 나와 걸어가고 있는데 웬 남루한 옷차림의 아저씨가 다가왔다. 그는 '학생, 문래동 가려면 어디로 가지요?' 하고 아주 처량한 목소리로 물었다. 나는 저쪽 굴레방다리에서 버스를 타라며 손으로 가리켰다. 아저씨는 눈물을 글썽이며 어머니가 돌아가셨다는 기별을 받고 가는 길인데 차비가 없어 걸어가야 한다며 머뭇머뭇했다. 당시 나는 안양에 살고 있어 기차 통학을 했다. 수중엔 기차통학권과 약간의 비상금이 있었는데 그 아저씨가 너무 딱해 보여 비상금을 모두 털어주고 서울역까지 걸어갔다. 아저씨는 비굴하리만큼 연거푸 고맙다며 굽신거렸다. 여고생인 내 눈에는 진심으로 보여 내가 좋은 일 한 것 같아 흐뭇했다. 기차를 타고 오면서는 쌀쌀한 날씨에 그 아저씨가 버스를 잘못 타면 어쩌나 걱정이 되어 직접 버스정류장까지 같이 가서 태워주지 않은 게 후회되었다. 또한 내게 택시비 정도도 없었던 것이 여간 미안한 게 아니었다.

3학년이 되어서는 아침 보충수업이 있어 버스로 통학했다.

학교 수업이 끝나 집으로 가려고 버스를 기다리고 있을 때였다.

"저어- 어머니가 돌아가셔서 가는 길인데 차비가 없어서…"

남루한 차림에 구부정한 모습의 한 남자가 내게 말을 붙였다.

얼굴을 보니 바로 몇 달 전 그 아저씨였다. 장소가 다르긴 했지만 분명 그 아저씨였다. 나는 너무도 민망하고 놀라 뒷말은 들어보지도 않고 자리를 피해버렸다. 하도 어이가 없어 가슴이 두근거리고 얼굴까지 화끈거렸다. 어떻게 버스 차비 정도의 돈에 어머니를 팔 수 있을까. 도대체 그 몇 푼 안 되는 돈을 구걸하기 위해 어머니를 몇 번이나 죽일 셈인가. 생각할수록 기가 찼다. 얼마 안 되는 돈이나마 있는 돈 다 털어주고 택시비가 안 돼 속으로 미안해했던 나는 사기를 당한 듯 분하고 속이 상했다. 다시는 그런 속임수에 넘어가는 멍청한 짓은 하지 않으리라 단단히 다짐도 했다.

몇 년 뒤 시흥에 볼일이 있어 걷고 있을 때였다.
초등학교 5-6학년쯤 돼 보이는 남자아이가 내 앞으로 다가오더니 수원 가는 방향을 물었다. 저기서 버스를 타라고 정류장을 가리키자 아이는 차비가 없어 걸어가려고 그런단다. 그렇게 보아서인지 아이는 다분히 불량기가 있어 보였다. '요놈 봐라.' 하는 생각으로 "이 길로 쭉 따라가면 돼." 하고 태연히 대답했다. 아이는 "네…" 하며 힘없이 고개를 숙이고 나와 엇갈려 갔다. 그런데 '내가 또 속을 줄 알고?' 하는 통쾌함은 순간적이고 자꾸만 발걸음이 무거워졌다. 돌아서 부를까 하는 생각도 했지만 내가 속아 주면 아이는 그 짓에 재미 붙일 서라는 생각이 이어져 혼란스러웠다. 그러나 마음은 갈수록 무거워지고 가슴도 체한 듯 답답해졌다. '아닐지도 모르는데, 여기서 수원이 어디라고…' 뒤늦은 후회와 안타까움으로 발을 구르며 아이를 부르고 싶었지만 이미 때는 늦었다. 할 수 없이 다른 사람이 도와주었겠지, 하는 바람과 위로를 해보았지만, 마음은 가벼워지지 않았다.

'그래봤자 차비 몇 푼인데, 그래도 나를 택한 것은 내가 인정 있어 보여서 그랬을 텐데…' 계속되는 자책에 며칠을 두고 괴로웠다. 그 아이가 댓 살만 더 되거나 돈을 보태 달라고 했더라면 좀 덜 괴로울 것 같기도 했다. 전에 남루한 아저씨에게 속았을 때보다 훨씬 더 마음이 무겁고 아팠다. 때린 놈은 다리를 오므리고 자도, 맞은 놈은 두 다리 펴고 잔다더니, 그냥 속는 셈 치고 도와주었더라면 그런 속앓이는 안 했을 것을. 이러저러한 변명과 합리화로 애서 그 일을 잊으려 했지만 끝내 지워지지 않는 화상의 흉터처럼, 힘없이 고개를 떨구던 그 아이의 모습은 내 기억의 한 자락에 각인되었다.

사람들은 세상이 많이 야박해졌다고들 한다.
마치 자기는 안 그런데 세상인심만 그리된 것처럼 탄식조로 얘기들 한다. 어떤 사람은 세상이 야박해지니 할 수 없이 자기도 야박해질 수밖에 없지 않느냐고도 한다. 마치 닭이 먼저냐 알이 먼저냐 하는 식으로 사람들과 세상은 서로 떠미는 가운데 저도 모르게 야박의 한가운데로 떠밀리고 있다. 세상인심의 주체는 사람이니 세상 탓은 곧 사람 탓이고 사람 탓은 곧 내 탓이기도 하다. 누구를 돕는다는 것은 내가 그런 어려운 처지에서 도움을 받았을 때의 안도와 기쁨을 대리 만끽하는 게 아닐까. 그런 의미에서 나는 평생 작은 즐거움을 간직할 수 있는 기회를 잃고 세상의 야박함에 한몫 거든 자책감을 안고 살고 있다.
여고생인 내 눈에 비친 남루한 아저씨나, 어린아이의 눈에 비친 냉정한 내 모습은 원인이야 어찌 됐든 실망스런 어른의 모습임에는 다를 바가 없을 것이다.

옛말에 광에서 인심 난다는 말이 있다.
그러나 그것은 물질이 풍족하지 못했던 시절 이야기고 물질이 풍족한 오늘날엔 마음의 넓이에서 인심이 나는 것 같다. 부유한 사람보다 저 자신도 도움이 필요할 것 같은 사람이 더 남을 돕고 사는 경우를 보면 더욱 그런 생각이 든다. 내가 주머니 속의 비상금보다 마음속에 비상금을 많이 가졌더라면 옛날 그 아이는 세상을 야박하게 보지 않았을 텐데. 그 아이는 세상이 야박하니 나도 야박해져야 한다고 다짐이나 안 했을는지… 새옹지마란 말이 있듯이 그 아이도 나로 인해 오히려 지금쯤은 강인하면서도 마음속에 비상금을 많이 가진 훌륭한 어른이 돼 있기를 속죄하는 마음으로 빌어 본다.

사는 게 시험인 것을

아이들 방을 청소하다가 무심히 벽에 걸린 달력을 보니, 보름치의 날을 동그라미로 묶어 놓고 '재수 없는 날'이라고 써 놓은 글자가 눈에 띄었다. 무슨 뜻인가 하여 자세히 들여다보니 뒤쪽 닷새의 날짜 밑에 과목이 나뉘어 써져 있는 걸로 보아 중간고사 닷새와 그 앞 열흘을 합쳐 보름간을 재수 없는 날이라고 한 것이다. 그저 덜렁거리며 컴퓨터 오락이나 하고 나가 노느라 시험 따위엔 관심도 없는 줄 알았더니 나름대로 신경을 많이 쓰고 있었던 모양이다. 그것도 모르고 시험을 앞두고 어쩌면 그렇게 태평하냐고 다그치던 어미가 얼마나 짜증스러웠을까. 민망하고 미안해 마음이 짠해졌다.

고작 중학교 2학년생의 중간고사로 보름 동안이나 재수가 없다면 대학교 입시를 앞둔 입시생의 재수 없는 날은 얼마나 될까. 또한 취직 시험을 앞둔 대학 졸업생의 재수 없는 날은 얼마이며, 승진 시험과 각종 자격이나 면허 시험을 준비하는 사람의 재수 없는 날은 또 얼마나 될까.

하기사 어디 답안지에 푸는 시험만 시험이겠는가.

아침에 자리에서 일어나면서부터 밤에 잠자리에 들 때까지 시험 아닌 게 없다고 해도 과언이 아닐 만큼 힘들고 복잡한 게 우리네 삶 아닌가. 백인백색의 사람들과 어울려야 하고, 타성에 젖은 일이면 젖은 일대로 낯선 일이면 낯선 일대로 부대껴야 하는 일들 속에서 우리는 늘 시험을 보는 것처럼 긴장하고 산다. 물론 당장 눈앞에 놓인 답안지를 메꿀 때의 긴장감에 비하면 훨씬 여유도 있고 부담감도 적지만 오히려 정확한 답이 없는 문제를 풀어야 하는 점에서는 더욱 어려울 수도 있다. 그러니 시험을 앞두고 재수 없는 날이라고 한 아들애의 표현대로라면 우리는 늘 재수 없는 날을 살고 있는 셈이다. 그래서 '인생은 고해(苦海)'라기도 하고, 늘 '시험에 들지 않게 해 달라'고 기원도 하는 게 아닐까.

  시험이란 우선은 사람의 능력을 변별하는 평가 기준이 되지만 궁극적 목적은 더 나은 결과나 미래를 추구하기 위한 수단이다. 만일 학생들에게 전혀 시험을 보게 하지 않는다면 학생들의 학업 목표 달성은 시험을 보게 할 때보다 훨씬 뒤떨어질 것이다. 또한 답안지에 푸는 시험에 비해 일반 삶 속에서의 시험은 정답이 없어 더 어렵다. 그러나 한편으로 생각해 보면 오히려 정답이 없기 때문에 나만의 답을 구하고 그 답을 공인받고 나서의 보람도 있는 게 아닐까. 만일 모든 삶에 정답이 있다면 그 정답에 맞추어 누구나 획일적이고 판에 박은 삶을 살 테니 그처럼 답답하고 비생산적인 노릇도 없을 것이다. 그래서 보통은 삶이 우리를 시험하지만, 정답이 없는 그런 삶의 탄력성 때문에 때론 우리가 삶을 시험해 볼 수도 있다.

이런저런 시험을 치르다 보면 인생이 주는 시험에도 숙달이 되어, 어떤 시험도 두렵지 않게 되고 시험에 실패하고 나서도 좌절하지 않으며 또 다른 시험에 도전할 수 있는 용기도 길러지지 않을까.

우리는 몹시 힘든 일에 부딪히면 곧잘 전생의 업보를 들먹이곤 한다. 얼핏 전생이란 현세와 아주 동떨어진 그 무엇의 세계처럼 여겨지지만 실은 현재와 연결된 과거다. 내세의 전생이 바로 현세이고 지금의 삶이 내세에 가서는 전생이 된다. 결국 내세에 가서 전생의 업보로 화를 당하지 않으려면 현세에 점수를 잘 따 두어야 한다.

그렇게 사는 것 자체가 시험인 마당에 시험에 들지 않기를 바라는 것은 너무 소극적인 삶이다. 차라리 시험을 잘 치를 수 있기를 기원하고 스스로 용기를 북돋우는 것이 더 적극적인 삶의 자세일 것이다.

아직 중학교 2학년인 아들에게는 중간고사 정도로도 보름간이나 재수 없는 날로 괴롭게 느껴지겠지만 차츰 단련을 받다 보면 시험이란 보다 큰 삶을 알아가는 관문임을 깨달아 의연하게 받아들일 수 있을 때가 오리라 믿는다. 어미인 나로서는 그 관문을 통과할 때마다 고통이 따르지 않길 바라며 고통이 따르더라도 좌절하지 않고 꿋꿋하게 헤쳐나가길 빌 뿐이다.

평균수명을 감안하면 내 앞길에도 적지 않은 삶이 남아 있는데 그렇다면 나도 아직 시험 가운데 있는 셈이다. 살아온 날이 만만치 않으니 웬만큼 단련도 됐으련만 여전히 두렵다. 도대체 삶의 문제는 기출문제도 없고, 있어도 답이 전과 다르니 이거야 원. 하지만 새로워서 그 아니 좋은가. 새로운 문제 그것은 늘 우리를 새롭게 태어나게 해줄 테니까. 어찌 생각하면 죽음보다 무서운 것이 늙음일 수도 있는데, 항상 문제의식을 가지고 그것을 풀려고 노력하는 한 우리는 몸은 늙어도 정신만은 늙지 않을 수도 있지 않을까.

집 한 채 값

　내가 수(數)의 한계를 집값으로 인식하기 시작한 것은 중학교 삼학년 때부터다. 당시 모래내라고 불리던 서대문구 남가좌동에서 단칸방에 세 들어 살고 있었는데 어느 날 집주인이 집을 판다고 이사를 하라고 했다. 이미 싼 방을 찾아 마포구 신공덕동에서 북아현동으로, 다시 남가좌동으로 옮겨온 터라 우리는 또다시 어디로 가야 할지 난감했다. 그런데 우연히 그 집을 흥정할 때 들어보니 구십팔만 원이라고 했다. 나는 '어유! 세상에 이만 원 모자라는 백만 원이네!' 하고 혀를 내둘렀다. 물론 학교에서야 더 큰 숫자도 공부하지만 그건 책에나 나오는 상상 속의 숫자이고 실생활에서 백만은 사용해본 적도 없고 알 필요도 없는 어마어마한 수치였다. 그때 구십팔만 원이란 금액은 단순한 물건값이 아니라 내가 근접할 수 없는 어떤 영역을 상징하는 숫자로 각인되었다.
　우리는 더 구석진 북가좌동으로 이사했다.
　지금은 서울의 여느 곳과 마찬가지로 번화한 곳이 되었지만, 그때만 해도 비만 오면 진창이 돼버리는 길을 이십 분쯤 걸어가야 버스 종점이 나오는 낙후된 곳이었다. 여름이면 수인성 전염병이 자주 발병해 관에서 수시로 소독을 나오곤 했다. 그렇더라도 내 집만 있다면 얼마든지 감수할 만했다. 그때부터 나는 서울에 집 한 채 가지고 있다는 게 얼마나 대단한 것인지 실감했다. 그리고 방 세 개 있는 집 한 채 갖는 게 꿈이 되었고 수 개념의 한계도 그런 집 한 채 값으로 인식하기 시작했다.

결혼해서는 약수동이라 알려진 신당 3동 산동네에서 시댁 식구와 같이 살았다. 맏이인 형님네가 살다가 분가해 나간 방에서 살았는데 시어머니는 다시 그 방을 이백만 원에 세놓고 그 돈으로 서초동에 단칸 셋방을 얻어 우리도 살림을 내주셨다. 약수동 산동네 방값으로 얻은 서초동 방은 협소하기 짝이 없었다. 부엌은 슬레이트로 내달아 만든 것으로 물을 길어오고 내다 버려야 했으며 연탄아궁이도 마루 밑이라 취사는 할 수가 없었다. 그나마도 오래된 단층집이기에 그만한 돈으로 얻을 수 있었다. 그때 주위에 한창 들어서기 시작하는 이 층 양옥집의 방값은 두 배는 더 주어야 했다. 나와 동갑인 안주인은 '시댁에서 겨우 삼천만 원짜리 이런 집을 사주었다'며 시댁에 대해 불평을 늘어놓았다. 그러나 그건 불평이라기보다 시댁에서 이백만 원짜리 단칸방을 얻어나온 내게 자랑을 에둘러 한 것이기도 했다. 나는 그녀가 얄밉고 철이 없어 보였다. 그때부터 그녀가 강조한 집값 삼천만은 내 숫자 개념상 가장 큰 숫자이고 꼭 명심해야 할 숫자가 되었다.

우선 주택은행에 선매청약부금을 들었다.

그리고 아파트 분양 일 순위가 되었을 때 인천시에 열세 평짜리 아파트를 분양받았다. 하지만 내 집 장만의 기쁨을 실감하기도 전에 남편의 직장을 따라 대전으로 이사를 해야 했다. 인천 집은 세를 주고 대전에서는 여전히 셋방 신세를 면치 못했다.

몇 년 후 명심하고 있던 대로 삼천만 원을 주고 대지 칠십 평을 사게 되었다. 인천집을 팔고 작으나마 안마당까지 있는 이 층 양옥집을 짓고는 꿈을 이루었으니 더 이상 집값에 대한 신경은 놓아도 되려니 했다. 그러나 그것도 몇 년 못 갔다.

남편이 사업을 하겠다며 서울로 가자고 했다.

나는 내키지 않았지만 사업은 으레 연고지에서 시작하는 것이라는 데야 어쩔 수 없었다. 할 수 없이 정붙여 가던 대전 생활을 접고 다시 서울로 올라왔다.

서울은 살던 곳이기도 하고 시댁과 형제들이 있어 낯설지 않을 줄 알았는데 막상 다시 살려고 오니 남의 동네에 들어선 것처럼 서먹했다. 남편 말대로 연고지를 찾아온 것이니 금의환향이 되어야 할 텐데 너무 거대하고 복잡해져 주눅만 들었다.

대전과 서울은 집값이며 전셋값, 건물 임대료에 엄청난 차이가 있었다. 대전집을 팔고 얼마간 저축한 돈마저 다 털어 사무실을 내고 나니 집은 노원구 상계동에 스물두 평 아파트에 전세 들 수밖에 없었다. 상계동은 집값도 싼 편이지만 널찍널찍한 단지와 잘 가꿔진 조경으로 서울에 대한 낯가림을 한결 덜어주었다. 그래도 대전에서 내 집에 살던 것에 비하면 방 두 개짜리 전세 아파트로는 풀이 죽을 수밖에 없었다.

　나는 또다시 방 셋 달린 집값에 매달리게 되었다.

　당시 그 정도의 아파트 값이 일억 원 정도라니 내 숫자 개념은 또 그만큼 커졌다. 뉴스에서 뇌물이나 횡령 비자금 등으로 일억이 오갔다면 '아니 집 한 채 값이 그럴 수가 있냐'며 흥분하지만 그 이상이 오갔다면 그냥 그런 일이 있나 보다 하고 덤덤해졌다.

　일억 원이면 될 것 같던 집값은 생명이라도 있는 듯, 해가 다르게 자랐다. 전세금도 덩달아 자랐다. 내 숫자 개념도 허덕이며 쫓아갔다. 그래도 전세금은 저축하는 셈 쳐서 견딜만했다. 집주인이 집을 팔겠다고 비우랄 땐 자존심이 이만저만 상하는 게 아니었다. 남편이 건설회사에 다녀 현장을 따라 이사도 많이 했지만, 그때는 나이도 젊고 또 내가 필요해서 이사했기 때문에 세를 얻어 가도 별다른 느낌이 없었다. 그러나 중년을 넘은 나이에 타의에 의해 이사하려니 집이 없어 쫓겨 다니는 것 같아 아이들 보기도 미안하고 나 자신이 몹시 초라하게 느껴지곤 했다.

　나이 오십이 되어서야 청약저축으로 일 순위가 되어 두 번 낙첨되고 세 번째 도봉구 창동에 분양가 이억 원의 서른세 평짜리 아파트를 분양받았다. 비로소 그리도 소원하던 서울에 방 세 개 있는 집을 장만하게 된 것이다. 우리 부부는 인근 농협 하나로 마트에 오고 갈 때마다 일부러 아파트 현장에 들러 분진방지를 위해 둘러친 담장 틈으로 들여다보며 기쁨을 만끽했다. 내 집이 없을 때는 이억 원이 그토록 높고 요원해 보이더니 겨우 분양계약서만 받고도, 힘들게 올라간 산 정상에서 아래를 내려다보듯 느긋했다. 무엇보다 매스컴에서 아무리 집값이 올랐다고 해도 그전처럼 초조해하지 않아도 되는 게 얼마나 좋은지 몰랐다.

분양받은 지 햇수로 삼 년 만에 아파트에 입주했다.

이천 세대가 넘는 대단지이면서 주차장을 지하에 두어 조경을 최대한 살린 아파트. 연못이며 분수대 산책로 등 마치 공원 같은 단지를 수시로 산책하며 나는 무슨 특권이라도 받은 것 같은 뿌듯함에 젖곤 했다. 강남의 집값이 천정부지로 오르고 온 나라가 부동산 정책으로 몸살을 앓고 있지만 난 그냥 세상 어딘가에서 일어나는 뉴스로만 들었다.

나는 집 한 채 장만하기도 이렇게 힘들었는데, 수십 채 혹은 수백 채를 가진 사람들이 있다니 대체 그들은 어떻게 마련했을까. 집을 단순히 거주의 개념이 아니라 부의 축적 수단으로 여긴 사람들인 모양인데 그 정도면 사업수완이 대단하다. 솔직히 편법이나 불법을 동원하지 않고는 불가능한 범죄다. 그런 사람들 때문에 수많은 사람에게는 집 한 채 갖는 게 평생소원이 된 게 아닐까. 집을 단순히 가족들과 편안히 안주하는 건물로만 여긴다면 한 채면 족하다. 그러면 그렇게 수십 년씩 매달리지 않아도 되고, 집값도 그렇게 비쌀 이유가 없다. 공연히 들어간 그 시간과 비용을 다른 일에 쏟으면 개인도 국가도 좀 더 나은 환경을 만들 수 있고, 더 여유로운 생활도 할 수 있지 않을까.

겨우 집 한 채 마련하고 대단한 성공이라도 한 것 같은 기분에 젖은 내가 아둔한 건지 순진한 건지…

세상에 놓인 그대로

오래전에 어머니에게 들은 얘기다.

어머니도 들은 얘기인지 실제 동네에 있었던 얘기인지는 분명치 않지만, 지금까지 기억하고 있을 만큼 짠하면서도 깊은 울림이 있다.

동네에 어찌하다 혼자 살게 된 할아버지가 있었다.

노인의 제일 큰 문제는 매 끼니를 해결하는 일이었다. 고민 끝에 노인은 아침 겸 점심으로 한 끼는 스스로 해결하고 저녁은 얻어먹기로 했다. 대체로 동년배가 있는 집에 마실 가서는 저녁때가 되어도 그냥 눌러앉아 있는 것이다. 그러다 집주인이 저녁상을 들이며 "수제비를 끓였는데 한술 뜨시겠습니까?" 하면 "수제비니 한술 떠 볼까." 하고 한 끼 때운다. 또 다른 집에 가서는 "찬은 없지만 같이 한 술 드시죠." 하고 권하면, 얼른 상을 넘겨다보고 시래깃국이 있으면 "시래깃국이 있으니 한술 떠 볼까." 하고 다가앉는다. 보리밥이 나오면 "보리밥이니 한술 뜨겠다." 하고, 죽이 나오면 "그렇지 않아도 점심 먹은 게 더부룩해서 굶으려고 했는데, 마침 죽이니 한술 뜨겠다." 하며 다가앉아 저녁을 해결한다는 것이다.

　이 노인의 얘기는 얼핏 들으면 노인의 기지가 재미있고 우습지만 그 속사정을 생각하면 가슴이 짠해진다. 한두 번도 아니고 매일 이러자니 얼마나 구차했을까.

　어쨌든 수제비니 먹고 죽이니 먹고 시래깃국이니 먹는다는 노인의 말대로라면, 밥상에 어떤 음식이 올라 있던 다른 거면 안 먹을 텐데 바로 그것이 있으니 먹는다는 게다. 또는 그냥 가려고 했는데 마침 그게 있어 먹는다는 식이다. 이것은 어쩔 수 없어 궁여지책으로 짜낸 꾀이긴 하지만 어떤 상황이든 긍정적으로 생각할 수 있는 방법을 예시하는 것이기도 하다.

　어떤 상황에 놓여 있던 그 자체가 장점이나 단점이기보다 그 상황을 어느 쪽으로 이용하느냐에 따라 장단점으로 나누어지는 경우가 많다.

　고아라는 처지도 부양받는 면에서는 단점이 되겠지만 부양해야 하는 면에서는 장점이 될 수도 있다. 반대로 고아로 자수성가한 뒤라면 부양할 수 있는 능력을 발휘할 데가 없어 단점이 될 수도 있다. 욕심이 많은 성격도 정의롭고 긍정적인 면에 욕심이 많다면 보람찬 인생을 가꿀 수 있어 장점이 되겠지만, 무모한 물질에 욕심이 많다면 자멸하는 수가 있으니 단점이 되고 만다. 그런가 하면 미인박명이나 식자우환이란 말이 심심치 않게 쓰이고 있는 걸 보면 아름답다거나 많은 학식도 마냥 좋기만 한 것은 아닌가 보다.

얼마 전 신문과 방송을 통해 일본 삿포로 지방의 눈 축제가 아주 장관인 것을 볼 수 있었다. 만일 그곳 사람들이 혹한과 많은 눈을 단점으로만 생각하고 어깨만 웅크리고 있었다면 몸도 생활도 보잘 게 없었을 것이다. 그러나 그들은 그 혹한과 많은 눈을 장점으로 받아들여 거대하고 아름다운 눈 건축물과 조각을 만들어 세계 3대 축제로 불릴 만큼 큰 축제를 열어 많은 관광객을 끌어모으고 있다.

노인이 밥이면 밥, 죽이면 죽, 상에 놓인 그 어떤 것이든 바로 그것이니 좋다고 하듯이 우리도 그저 세상에 놓인 그 자체만으로도 좋을 수 있는 게 아닐까. 물론 노인은 외롭고 궁핍해 그럴 수밖에 없는 형편이긴 했다. 만일 매일 진수성찬을 먹을 수 있었다면 그런 음식은 거들떠보지도 않았을 것이다. 노인은 거친 음식이나마 구차한 변명과 눈치를 보지 않고도 떳떳이 먹을 수 있기를 바랐을 것이고, 삼시 세끼 다 그렇게 먹을 수만 있다면 세상 부러울 것 없게 느껴졌을지도 모른다. 막상 그런 형편이 되면 또 다른 바람이 생길지라도 우선 당장 생각은 그랬을 것이다.

끼니를 맛있게 든든히 먹고 나면 그 포만감으로 다시는 음식을 안 먹을 것 같지만 그 순간이 지나고 다음 끼니때가 되면 어김없이 시장기가 돈다. 마찬가지로 행복도 바라는 바를 이루었을 때 잠시 동안 느껴질 뿐 곧 또 다른 바람으로 인해 희미해진다. 포만감을 유지하기 위해 몇 끼씩 미리 먹어 둘 수 없는 것처럼 행복도 결코 축적되지 않는다. 그렇다고 끼니를 안 먹을 수 없는 것처럼 행복도 추구하지 않을 수 없다. 어찌 보면 열악한 환경일수록 행복을 느낄 수 있는 확률은 높을 수 있다.

　단순히 숫자의 개념이 아니라 느낌을 말하는 것이다.

　배가 고플 때는 무얼 먹어도 맛있지만, 배가 부를 때는 무얼 먹어도 맛이 없게 느껴진다. 맛있다는 걸 행복에 비유해서 확률이 높다는 것이지 열악한 환경 자체가 행복한 것은 아니다. 열악한 환경에서 강한 의지로 하나씩 벗어나다 보면, 그때마다 성취감을 느낄 것이고, 더 열심히 해보려는 의지가 생길 것이다. 그렇게 처음부터 다 갖춰져 있는 환경에서보다 그렇지 못한 환경에서 행복을 느낄 수 있는 순간이 많다는 의미다.

　맹자는 어떤 사람에게 큰일을 맡기려 할 때는 먼저 그를 괴롭고 힘들며 굶주리게 할 뿐만 아니라 어떤 일도 뜻대로 되지 않게 어지럽힌다고 한다. 그것은 그의 마음을 분발시키고 성질을 참을성 있게 해 그가 할 수 없었던 일을 해낼 수 있게 도와주기 위한 것이란다. 물에 빠진 사람이 지푸라기라도 잡으려고 하듯 극한 상황에서 자기방어 본능이 최대로 발휘되어 잠재능력도 얻을 수 있다.

　구도자들이 스스로 열악한 환경을 택해 고행하는 것도, 자기방어 본능에서 나오는 잠재능력으로 행복을 맛보기 위함은 아닐는지. 젊어 고생은 사서도 하라는 얘기도 아마 같은 맥락일 것이다. 그렇다고 우리 같은 범인(凡人)들이 고행하거나 굳이 고생을 사서 할 것까지야 없겠지만, 어차피 자기 인생은 자기 스스로 경영하는 것인 만큼, 노인이 상에 놓인 바로 그것이니 먹는다고 한 것처럼, 일단 주어진 환경을 긍정적으로 받아들이고 나아가 장점으로 이용할 수 있는 슬기를 발휘한다면 바라던 목표를 달성할 수도 있고, 생각지 못한 행복도 맛볼 수 있지 않을까.

3부

산에서 듣다

산(山)
평행선
묵 한 대접
그 뉘 속에 쌀 있음을
이정표
삶은 누리려는 자의 몫
사연 없는 삶이 어디 있으랴
백두산
인적
전복밭의 연등

산(山)

내가 산을 찾는 묘미 중에는 내 체력과 의지를 시험해 보는 일도 큰 몫을 한다. 그래서 유명한 산을 찾아 멀리 가기도 하지만 주로 집 근처 산을 찾을 때가 많다.

먼저는 정상까지 몇 번 쉬고 올라갔는데 이번에는 몇 번 쉬었다던가, 먼저는 어디까지 몇 분 걸렸는데 이번에는 얼마 걸렸다던가, 먼저는 어디를 거쳐 얼마를 걸었는데 이번에는 얼마를 걸었다던가, 먼저는 피로가 며칠 갔는데 이번에는 며칠 갔다던가 따위를 비교해 보는 일이다. 물론 올라갈 때는 몹시 힘들고 지치다가도 정상에 올랐을 때의 성취감과 산하를 내려다보면서 드는 호쾌함 그리고 내려올 때의 날 듯한 경쾌함도 빼놓을 수 없는 산행의 즐거움이다.

사람은 꼭 산이 아니더라도 대체로 높은데 오르는 것 자체를 좋아하는 속성이 있지 않나 하는 생각을 해본다. 높은 데 오르는 일은 힘겹다는 것과 성취감을 느낄 수 있다는 공통점이 있다.

예로부터 학문이나 벼슬 또는 인품을 말할 때, 높고 낮음으로 표현해 왔다. 높은 벼슬을 했다던가 인품이 고매하다는 식이다. 지금도 형편이 아주 좋아진 상태를 그 사람 높이 됐다고 말하기도 한다. 직장에서 한 단계씩 진급하는 것도 올라간다고 하여 승진(昇進)이라 하며, 일이 잘 풀리는 상태를 상승 곡선을 탄다고 한다. 기분이 좋은 상태나, 상품의 질이 좋은 것은 좋을 호(好) 자를 쓰지 않고, 높을 고(高) 자를 써서 최고(最高)라고 한다.

같은 의견이라도 학문이 뛰어난 사람의 의견은 고견(高見)이라 하고, 사람의 인품이나 작품이 좋은 평을 받을 때도 높이 산다고 한다. 말도 존댓말은 높인다고 하고 반말은 낮춘다고 하며, 물건을 건네줄 때도 상대를 높이려면 올린다고 한다.

숫자가 많아지는 상태도 많을 다(多)자를 쓰기보다 높을 고(高) 자를 쓰는 경우가 있다. 물건값이 많아지는 것은 다가(多價)라 하지 않고 고가(高價)라 하며, 이자가 많은 것도 다리(多利)라 하지 않고 고리(高利)라 한다. 나이가 많아지는 것도 다령(多齡)이라 하지 않고 고령(高齡)이라 한다. 그 사람이 잘살았든 못 살았든 여러모로 힘든 세상을 오래 견뎌냈다는 점만으로도 존경한다는 뜻일 것이다. 오르기 힘들기로는 글 쓰는 사람들의 관문인 등단도 뒤지지 않을 것이다. 오죽하면 물고기가 황하의 급류를 거슬러 올라가는 것에 비교했을까.

흔히 사람들이 미래만을 지향하며 사는 것 같아도 과거를 말할 때는 거슬러 올라간다고 표현하는 것을 보면 은연중 과거를 중시하고 있다는 게 나타난다. 하긴 과거 없는 현재가 어디 있고, 현재 없는 미래가 어찌 존재하겠는가. 시간의 흐름은 수평으로 느끼지만, 그 위엄은 수직으로 느끼는 게 아닌가.

지금은 사라졌지만 얼마 전까지만 해도 남자는 하늘이요, 여자는 땅이라는 비유가 정설처럼 쓰이기도 했다. 그 말에 남자들은 기를 펴고 여자들은 분개했는데, 이는 가치의 차이를 말하는 게 아니라, 위치에 따른 편견일 뿐이다. 아무리 태양이나 비와 같은 천문의 영향 덕분이라고는 해도, 막상 생명을 지켜주는 먹거리는 모두 땅에서 생산된다. 모든 생명이 살아가는 터전도 땅이다.

생명체에게 땅이 없는 하늘이 무슨 의미가 있겠는가. 땅과 하늘은 평등한 공동체다. 그저 하늘은 위에, 땅은 아래에 존재하는 위치가 다를 뿐이다. 남자를 하늘에 비유한 것은 본능적으로 오르는 것에 대한 선망으로, 남존여비 사상이 만연하던 시절에 남자들이 만들어낸 괴변에 불과하다. 만일 지금도 '감히 하늘 같은 남편에게…'라며 고개를 치켜든 남자가 있다면 그것은 비굴한 허세일 뿐이며, 그 말에 발끈하는 여자가 있다면 그것은 속 좁은 자격지심일 뿐이다.

사람이 죽으면 시신은 땅에 묻으면서도 승천(昇天)한다고 하는 걸 보면 오르는 것에 대한 신념은 신의 영역에까지 닿아있는 것 같다. 그런 종교적 개념으로 하늘은 막막한 삶에 지표가 돼주기도 하고, 고달픈 인생에 동반자가 돼주기도 한다.

땅에서 가장 높은 곳은 산이다.

그래서 하늘 다음으로 신성시하기도 한다. 신체적으로 오를 수 있는 가장 높은 곳이기에 각종 종교의 기도처가 있기도 하고 도피처요 피안의 세계로 삼기도 한다.

인간사가 시작되는 수렵시대에는 자연히 먹을거리를 얻기 위해 산에서 생활했을 것이다. 그때는 먹을거리도 풍족하지 못했고 짐승들의 위협도 있었을 것이다. 그 열악한 환경에서 바라던 만큼의 먹을거리를 구했을 때의 희열과, 맹수나 적을 피할 수 있는 안온함이 면면히 흘러 오늘날에 와서도 높은 곳 혹은 오르는 것 자체를 좋아하게 된 건 아닐까.

먹을거리를 자연 채취가 아니라 평지에서 생산할 수 있게 되면서 사람이 직접 산에 가지 않아도 되었다. 그러자 산이 사람의 생활 속으로 들어와 자리 잡았다. 소위 생활고라는 산이다. 생활고의 고는 높을 高가 아니라 쓸 苦를 쓴다. 산에서 살 때는 생존과 종족 보존만 하면 되었지만, 평지에 살면서부터는 생존은 질을 따지게 되고 종족 보존은 교육의 개념이 더해지면서 고달플 수밖에 없게 된 것이다.

그리고 단순히 평지에서 사는 걸 넘어 높은 빌딩과 아파트 거기다 넓은 집에서 살게 되면서 산은 생활 속뿐만 아니라 각 개인의 마음속으로도 들어와 있다. 마음속에 들어앉은 산의 높이와 깊이는 자기 스스로 정하기에 달려 있다. 너무 높으면 오르기도 전에 지치고, 너무 깊으면 길을 잃기 쉽다. 그렇다고 너무 낮으면 성취감이 적다.

실제 산이 아무리 높다 해도 생활고보다는 낮다.

그러나 생활고가 아무리 높다 해도 마음속 산보다는 못하다. 눈에 보이는 실제 산은 체력만 좋으면 오를 수 있지만, 보일 듯 말 듯 한 생활고는 체력에 강한 전투력이 필요하고, 꼭꼭 숨은 마음속 산은 그 두 가지에 나를 다스릴 수 있는 냉철함까지 있어야 오를 수 있다. 가장 정복하기 까다로운 산이다.

산을 정복한다는 것은 무조건 정상을 오르는 것만을 의미하는 건 아니다. 정상을 오르기도 힘들지만, 제시간에 안전하게 평지까지 내려와야 진정한 정복이다. 그러려면 오를 때도 지형을 잘 살피고 장비도 잘 갖춰야 하지만, 무엇보다 내려와야 할 때와 속도를 잘 조절해야 한다. 실제의 산은 눈에 보여 미리 계획과 계산 할 수 있어 오르기가 쉽지만, 생활 속 산은 타인의 산과 비교하는 통에 계산도 안 되고 늘 못 미치는 것 같다. 그나마 마음속 산은 꿈과 욕심이 부딪쳐 계획과 계산조차 힘들다. 애써 계획과 계산을 하더라도 그대로 실현하기는 더욱 힘들다. 그래서 때때로 실제 산을 두 발로 오르면서 생활고와 마음속 산을 간접 경험해보고 반추도 하고 위로도 받는지 모른다.

누군가 왜 산에 오르냐는 물음에, 산이 거기 있어 오른다고 했다고 한다. 마찬가지로 생활 속 산이나 마음속 산도 거기 있으니 살려면 넘을 수밖에 없다. 실제 산처럼 오르막길도 있고 내리막길도 있다, 직선도 있고 곡선도 있으며, 숲길도 있고 바윗길도 있다. 어떤 길이든 이왕 넘는 것 안전하게 정복할 수 있어야 한다. 그러자면 그에 맞는 마음가짐은 물론 복장과 장비를 갖추어야 하리라.

　실제 산을 오를 때는 편하고 탄탄한 등산화를 준비하고, 생활고를 오를 때는 여건을 직시하는 안목과 의지가 필요하고, 마음속 산을 오를 때는 능력과 욕망을 구별할 줄 아는 지혜가 있어야 한다.

　나는 또 산을 오른다. 발로는 실제 산을 걷고, 머리로는 생활 속 산을 걷고, 가슴으로는 마음속 산을 걸으며 꾸벅꾸벅 오른다.

평행선

태백산 산행에서 돌아오는 산악회 버스 안, 나는 차창에 기대어 잠이 들었다. 구불구불한 산길을 돌아 내려오는지 버스가 거푸 커브를 트는 바람에 잠이 깼을 때는 어스름이 깔리고 있었다. 낮 동안은 강렬한 제빛에 가려 모습조차 드러내지 못하던 해가, 빛을 덜어내고서야 혼삿날 색시 볼에 붙은 연지 같은 모습을 드러내어 산등성이 위에 올라앉았다. 버스가 산모퉁이를 돌 때마다 산마루 너머로 들어갔다 나왔다 하는 해의 모습이, 마치 마술사가 검은 천 위로 빨간 공을 올렸다 내렸다 하는 것처럼 경이롭다. 옆에 앉은 남편에게 '저 해 좀 봐'라고 하려다 앞창으로도 보이겠지 싶어 그만둔다.

나는 창 쪽으로 몸을 바짝 다가앉고 남편은 안쪽으로 다가앉아, 둘 사이는 한 뼘 정도 벌어져 있다. 그나마 몸을 양쪽으로 기울이고 앉은 상태라 어깨는 더 벌어졌다. 아침에 갈 때도 그런 자세였다. 아침에야 기운이 있으니 그런 생각이 안 들었지만, 돌아가는 길에는 너무 피곤해 기대고 싶어 남편에게 똑바로 앉아가면 안 되냐고 말해 보긴 했다. 그러면 앞 사람 머리 때문에 밖이 안 보여 갑갑하단다. 옆 창으로 내다보면 되지 않으냐니까 그러면 창밖으로 스쳐 가는 경치 때문에 멀미도 나고 고개도 아프단다. 아마 평소 손수 운전할 때 앞창만 내다보며 운전하던 게 습관이 되어 옆을 보는 게 불편한 모양이다. 그래서 한사코 앞창으로 밖을 보기 위해 몸을 안쪽으로 기울이고 다리까지 안쪽으로 포개고 떨어져 앉아가는 것이다. 그런 자세고 보니 대화인들 하겠는가.

아마 모르는 사람들이 우리를 보면, 생판 모르는 남남이 우연히 같이 앉게 되어 거북해하는 것으로 보이거나, 우리가 부부라는 걸 아는 사람은 싸우고 화해하러 나왔다가 못하고 가는 것처럼 보일 것이다.

하지만 산행 때 만 해도 남편은 급경사 길에서는 내 등을 밀고 올라가고, 큰 바윗가 나오면 먼저 올라가 내 손을 잡아 올려주곤 했다. 수시로 내 안색을 살피며 힘들지 않으냐고 묻기도 했다. 배낭에도 도시락 물 과일 보온병 등 무거운 건 다 자기 배낭에 넣고 내 배낭엔 가벼운 간식만 넣어주었다.

평소 몸이 좀 아프면 피차 응석받이가 따로 없다.

안 그러려고 해도 혼자 있을 때는 그럭저럭 견디다가도 남편이 오면 나도 모르게 다 죽어가는 시늉을 하게 된다. 남편 역시 아플 때마다 매번 이렇게 아파 보긴 생전 처음이라며 덩치에 안 어울리게 신음을 낸다. 반은 엄살이라는 걸 알면서도 우린 서로 액면 그대로 믿어주고 받아준다. 그 엄살이 통할 때도 그렇지만, 내가 정말 많이 아프면 다른 일 다 제쳐두고 병원을 예약하고 동행해 주는 남편을 보면 든든하고 이게 행복인가 싶기도 했다. 하지만 이렇게 이해하고 편해지기까지는 긴 세월 타협과 인내로 단련해야만 했다.

내가 남편에게 가장 힘들어한 것은 말이 너무 없는 것이다.

중매로 결혼한 터라, 과묵하다는 건 알았지만 친척들 사이에서도 돌려놓을 정도로 말이 없다는 건 살면서 알게 되었다. 신혼 때는 시집살이를 하는 데다 서로 알아가는 기간이라 긴장되고 조심스러워 크게 의식 못 했다. 남편도 내가 시댁에 잘 적응할 수 있도록 신경 써 주었다. 차츰 익숙해지고 안정이 돼 가자 본성이 드러나기 시작했다.

남편은 점점 말수가 줄어들고 나는 말이 많아졌다.

남편의 과묵한 점을 장점으로 생각했던 나는 '예, 아니오'로 대답할 수 있는 질문에조차 입을 열지 않는 남편에게 숨이 막힐 정도로 힘들어했다. 남편은 남편대로 그런 나를 어떻게 대해야 할지 몰라 힘든 눈치였다.

시댁에서 분가하고 남편이 건설회사 현장 근무로 주말부부, 월말부부가 되자 차라리 마음이 편했다. 혼자 아이를 키우며 힘들고 고적해진 나는 일기를 쓰거나 남편에게 편지를 쓰면서 마음을 달랬다. 당연히 애정편지였지만 남편은 답장은커녕 동료들 보기 민망하니 그만 보내라고 했다. 할 수 없이 아예 작은 노트에 일기처럼 써서 한 달 만에 집에 왔다 가는 남편에게 건넸다. 남편은 불순한 청탁을 받은 공직자처럼 난감해했다.

이후부터 남편은 내게 글쓰기 공부를 해보라고 권했다.

내 재능이 아까워서 그런다지만, 나는 내가 얼마나 부담스러웠으면 내 관심을 다른 데로 돌리려고 저러나 싶어 섭섭했다. 남편은 문화센터에 나가길 권하기도 하고, 외출하는 게 싫으면 독학으로라도 공부해 보라며 서점으로 이끌어 교재가 될 만한 책을 고르라고도 했다. 나는 못 이기는 듯 문화센터에 등록하고 글쓰기 공부를 시작했다. 문학에 전혀 관심이 없는 남편은 내 작품은 단 한 줄도 읽지 않으면서도, 내가 글을 쓰기 좋은 환경과 여건은 살뜰히 챙겨주었다.

나는 글쓰기에 몰입하면서 남편의 무관심이 오히려 자유롭고 편하게 여겨졌다. 힘들게 했던 남편의 독단적인 사고방식도 '세상에서 나 아니면 누가 받아주랴' 싶은 마음으로 생각하니 맞장구까지 치게 되었다. 우리는 떨어져 있어도 붙어 있는 것 같고, 붙어 있어도 떨어져 있는 것 같은 평온한 그림자 부부가 되어 갔다.

문득 남편과 나는 평행선과 같은 존재가 아닐까 하는 생각이 든다. 평행선은 일정한 거리를 유지한 두 선으로 영원하다는 속성을 지니고 있다. 영원은 부지불식간에 본능처럼 추구하는 이상적 개념이기도 하다. 흑백논리나 이분법적 사고도 영원을 지향하는 사회적 본성이 깔려 있지 않나 싶다.

하늘과 땅, 남자와 여자, 삶과 죽음, 안과 밖, 음지와 양지, 좌와 우처럼 경계가 분명한 생각은 말할 것도 없고, 선과 악, 옳고 그름, 허와 실, 빈곤과 부유처럼 경계가 모호하거나 유동적인 이분법적 생각들도 평행선의 구도로 되어 있다. 이들은 팽팽한 대립으로 갈등을 겪고 있지만 그러므로 해서 공존하고 있다.

어느 한쪽이 무너지면 나머지 한쪽이 승리하는 게 아니라 같이 무의미해지는 것이다. 평행선은 서로 공평하다는 점에서는 이성적이며 고지식하지만, 서로 배려해야만 한다는 점에서는 감성적이고 유연하다. 분쟁의 소지가 있을 때 서로 평행관계를 인정하면 그게 곧 평화다.

흔히 부부를 일심동체라고 하는데, 이 말은 두 사람의 마음과 몸이 하나가 된다기보다, 기찻길처럼 두 사람이 짝을 이루어 하나의 길을 만들라는 뜻이 아닐까.

대표적으로 기찻길은 두 개의 선이 평행으로 이루어진 길로 끝이 없다. 종착역이 있긴 하지만 그건 기차가 서는 마지막 역이라는 뜻이지 평행선 자체가 끝나는 건 아니다. 레일 위를 달리는 기차가 안전하려면 두 레일은 직선이든 곡선이든 평행해야 한다. 그래야 기차에 타고 있는 승객들도 목적지까지 안전하게 갈 수 있다. 길이 험하다고 또는 장애물이 있다고 조금이라도 가까워지거나 멀어지면 기차는 탈선하고 만다.

마찬가지로 부부는 나란히 레일을 만들고 그 위에 가정이라는 차를 달리게 한다. 그 차에 탑승한 가족이 안락하게 목적지를 향해 가려면 부부도 기차 레일처럼 일정 거리를 유지하고 평행하게 달려야 한다. 성격이 다르다고 또는 생각이 다르다고 제 고집만 부리면

차는 탈선하고 만다. 기찻길은 가까이서 볼 때는 두 선이 분명히 떨어져 있지만 멀리서 보면 그냥 하나의 길이다. 부부 사이의 폭도 있는 듯하면서도 없고, 없는 듯하면서도 분명히 있는 정도여야 할 것이다. 서로의 존재를 있는 그대로 인정해 주고 지켜주어야 한다. 그렇게 평행은 평화고 안전이고 영원이다.

그런 줄 잘 알고 수십 년을 잘 살아오면서도 문득문득 외로움과 섭섭함을 느끼는 건 또 무언지. 기차 레일처럼 쇠붙이가 아니라 사람이라 그런가…. 쇠붙이는 차고 고지식하고 단단해서 상처를 안 받지만, 사람은 따뜻하고 유연하고 약해서 상처받기 쉽다. 그만큼 더 배려해야 한다. 내가 상처받는 것보다 상대가 상처받지 않도록 더 세심하게 신경 써야 한다.

무얼 찾기라도 하는 것처럼 앞만 주시하며 가던 남편의 고개가 통로 쪽으로 기울어진다. 눈도 감겼다. 나는 남편의 머리를 의자 등받이에 바로 기대준다. 한결 편안해 보인다.

창밖을 내다보니 더 어두워져 창밖 풍경 대신 잠든 남편의 모습이 비친다. 이 세상을 다할 때까지 평행선으로 가야 할 사람이다. 저 사람이라서 참 다행이다.

묵 한 대접

오늘은 밭일이 일찍 끝났다. 집으로 돌아가기에는 해 길이가 제법 남아 뒷동산으로 행보를 놓았다(서울에 살면서 양주에 땅을 사놓고 농사만 지으러 다니던 때). 한 달 전에 파종한 김장 무 배추가 몸집을 불리고 있는 걸 보면서도 의식 못 했는데 산은 완연한 가을 색으로 물들어 있었다. 스치는 바람도 한결 상쾌했다.

갓 입대한 병사의 머리처럼 단정히 벌초된 한 쌍의 산소를 지날 때였다. 시들어 말라가고 있는 한 다발의 국화꽃 옆에 대조적으로 몇 개의 도토리들이 햇살을 머금어 반들거리고 있었다. 그 해맑은 모습에 이끌려 에멜무지로 주워 등산복 조끼 주머니에 넣고 몇 걸음 옮기는데 또 눈에 띄었다. 쫓아가서 보이는 대로 주웠다. 비로소 주위를 둘러보니 큰 참나무들이 많아 잘하면 묵 한 대접 거리는 주울 수 있을 것 같았다.

묵 한 대접이 머릿속에 들어앉자 눈을 부릅뜨고 땅만 쳐다보며 발걸음을 옮겼다. 그런데 막상 작정하고 주우려 들자 도토리는 눈에 띄지 않았다. 공연한 짓인가 싶어 줍기를 포기하고 주머니에 있는 것마저 꺼내 버리려는 순간 저만치에 반들거리고 있는 도토리 한 무더기가 눈에 들어왔다. 반가움에 쫓아가 엉덩이를 들까불며 한참을 주웠다. 조끼 주머니 한쪽이 불룩해졌다. 조금 전까지만 해도 먹지도 못하고 공연히 다람쥐 식량만 축내는 것 아닌가 싶어 버릴까 말까 갈등했는데 이제 선택의 여지가 없다. 조금만 더 주우면 한 대접 거리는 충분히 채울 수 있을 것 같았다.

처음부터 도토리를 주우러 온 사람처럼 아예 단단한 나뭇가지를 찾아들고 낙엽 더미를 헤치며 도토리 줍기에 정신을 팔았다. 참나무만 올려다보고 걷다가 비탈길에 미끄러져 얼굴에 상처도 났다. 그러나 도토리는 적의 수색작전을 감지한 특공대처럼 자취를 감추었다. 어쩐지 조롱당하고 있는 것 같기도 하고 시험당하고 있는 것 같기도 했다.

슬그머니 오기도 생겼다. 아무려면 까짓 묵 한 대접 거리야 못 줍겠나, 땅을 헤집으며 산속으로 점점 깊이 들어갔다. 내 성화로 남편이 발길로 나무를 울려보기도 했다. 우르르 떨어질 줄 알았던 도토리는 얄밉게도 주울 수 없는 비탈에 몇 알 떨어지고는 잠잠했다. 주울 순 없지만 빤히 보이는 그 도토리는 이루지 못한 꿈처럼 유난히 실해 보였다. 그냥 바위에 앉아 잠시 바람이나 쐬다 갈 것이지 이 무슨 짓이람. 후회가 커지는 동안 조끼 주머니도 시나브로 불어났다.

결국 바람이나 쐬자던 발걸음이 산마루까지 다다랐다.

허리를 펴고 하늘을 바라보았다. 저뭇한 해가 붉은 그림자를 드리우고 있었다. 양쪽 주머니가 그런대로 두둑해졌다. 남편의 조끼 주머니도 눈에 띄게 불렀다. 목표했던 묵 한 대접 거리가 되는지 안 되는지 가늠이 안 된다. 하지만 더 주울 수 있는 시간도 없고 그렇다고 버리기엔 너무 아까운 마당에 그냥 한 대접이라 생각할 수밖에 없다. 까짓 대접도 대접 나름 아니겠는가. 합이나 반병두리나 양푼이나 대접이란들 누가 뭐랄 것인가.

이걸 줍겠다고 그 수선을 피웠나 싶어 피식 웃음이 났다.

하지만 인가에 인접한 나지막한 야산에서 산삼을 캐겠나 송이를 따겠나. 두 시간 남짓 동안 세 대접을 줍겠나, 네 대접을 줍겠나. 도토리묵 한 대접 거리면 오늘 행보는 성공한 셈이다.

얼핏 알밤도 눈에 띄었는데 그걸 줍는 게 나을 뻔했나 후회도 되고, 여기저기 수북이 쌓인 도토리 겉껍질을 보면서 진작 올라올 걸 하는 아쉬움도 들었다. 그러나 그랬더라도 여전히 후회와 아쉬움은 남을 것이다. 희망 없는 미래 없듯 후회 없는 과거도 없는 게 삶의 속성일 테니까. 최선을 다했으면 족한 게다.

그저 바람이나 쐬겠다고 나섰다가 정신없이 도토리를 줍다 보니 어느새 산마루에 올라서게 된 것처럼, 내 뜻대로 태어난 것은 아니지만 정신없이 살다 보니 내 삶도 고갯마루에 섰다. 하늘에 드리워진 붉은 해그림자를 바라보는 남편의 머리에도 세월의 흰 그림자가 내려앉기 시작했다.

돌이켜보면 희로애락으로 점철된 언덕길이다.

선천적으로 난관이 막혀 아이를 낳을 수 없다는 병원진단을 받고는 생을 접고 싶었고, 천신만고 끝에 아이를 낳고는 세상이 다 내 것 같기도 했다. 성실하면 남에게 빠지지 않게 살리라 철석같이 믿었지만, 비웃기라도 하듯 조금씩 쌓여간 빚더미에 올라 까마득히 내려다보이는 세상을 향해 한숨은 또 얼마나 토해냈던가. 큰 수술을 앞두고 유서를 써놓은 적도 있었고, 송사에 휘말려 가슴 졸이던 때도 있었다. 그런가 하면 시루떡처럼 사이사이 기쁨과 보람도 적지 않았다. 후회와 아쉬움에 희망을 만들고 희망은 좌절을 낳기도 하지만 그래도 삶은 곳곳에 살아갈 구실을 숨겨놓았다. 그 구실은 절망될 때 더 빛을 낸다. 마치 포기하려면 저만치서 반들거리며 유혹하던 오늘 도토리처럼.

나는 이 삶의 언덕을 오르는 동안 과연 무얼 얼마나 얻었을까.

희망과 절망을 병풍처럼 접어가며 열심히 살아온 덕에 두 아이 반듯하게 성장하고 소일삼아 텃밭이라도 가꾸니, 저 노을을 바라보는 심신이 그리 고달프지만은 않다. 아마도 오늘 우연한 행보로 그런대로 수확을 거둔 것처럼, 묵 한 대접 폭은 되지 않을까.

그 뉘 속에 쌀 있음을

날씨가 하도 청명해 집에만 있기가 아까워 도봉산을 찾았다.
단풍철의 끝자락인 데다 일요일이라 산은 등산객들로 몹시 붐볐다. 여러 갈래길 중 비교적 사람이 적을 것 같은 길을 골라 가는데도 자꾸 앞사람에 걸려 멈추게 되고 내려오는 사람들과 부딪치곤 했다. 남편은 "웬 사람들이 이렇게 많냐."라며 짜증을 냈다. 내가 "그 사람들 중에 우리도 있거든!" 하자 멈칫하더니 "우리는 어쩌다 온 거잖아." 하고 퉁명을 부린다. 억지라는 생각은 들었지만 모처럼 나온 산행의 즐거움을 해치고 싶지 않아 그냥 받아주었다.
발밑에는 이미 떨어진 낙엽이 쌓여 버석거리고 바람이 불 때마다 미처 떨어지지 못한 마른 잎이 함박눈 날리듯 우수수 떨어졌다. 겨울이 멀지 않았음을 예고하듯 청명한 중에도 스산함이 감돌았다.
점심을 먹으려 했지만 온통 산 전체가 벌집 건드린 것처럼 웅성거리고 부산스러워 좀체 자리를 펴고 밥 먹을 기분이 들지 않았다. 이리저리 헤매다 그런대로 한적하고 편편한 곳이 있어 자리를 잡았다. 점심을 끝내고 배낭을 챙겨 놓은 뒤 잠시 쉬기로 했다. 많이 걸어 피곤하기도 하던 참이라 두 손을 포개 베개를 하고 반듯이 누워 눈을 감았다.

문득 옛날 어느 청루(靑樓)에 와 있는 듯한 느낌이 들었다.

부웅붕 늦가을 바람 소리는 거문고 소리요, 우수수 떨어지는 나뭇잎 소리는 바삐 움직이는 기녀들의 치맛자락 스치는 소리다. 인근에서 들려오는 여인들의 간드러진 웃음소리는 기녀들의 웃음소리요, 간간이 섞여 들려오는 사내들의 목소리는 세파를 향해 휜소리치는 한량들의 능청이다. 바람을 타고 코끝을 스치는 산 내음은 봄의 꽃향기와는 다른 잘 익은 술의 향기다.

바람과 나뭇잎 떨어지는 소리는 계절을 앞세운 세월의 발자국 소리요, 여인들의 웃음소리는 모처럼 생활의 압박에서 벗어나 흥겨움에 부려보는 어리광이다. 또한 사내들의 휜소리는 세파에 주눅든 자신을 추스르려는 추임새이고, 술 향기는 떨어진 낙엽이 흙과 어우러져 썩어가는 산누룩 냄새일 것이다.

같은 세월이라도 산을 찾은 세월은 이토록 여유롭고 싱그러운데 사람의 세상을 찾아온 세월은 어찌 그리 소란스러울까. 사람의 세상에는 이기심과 자만심이 만연하고 몰염치한 사람들이 많아 그렇다고, 마치 자신은 이 세상 사람이 아닌 듯 한심해하고 분개하는 사람들이 있다.

오래전 "그 뉘 속에 쌀 있음을 알라"고 한 스님의 말씀이 떠올랐다.

결혼 전의 일이다.

직장을 그만두고 암울한 마음을 추스르기 위해 집을 나섰다가 수원 인근에 있는 용주사를 찾은 적이 있다. 설날이 지난 직후로 날씨도 차고 평일이라 산사에는 관람객이 없었다. 스님 한 분이 깔끔한 대웅전 마당을 쓸고 계셨는데 너무 적적해 보여, 이 추운 날씨에 깨끗하고 아무도 없는 마당을 왜 쓸고 계시냐고 말을 건네보았다. 스님은 이것도 다 수행인데 이 추운 날 혼자 온 아가씨도 수행하러 왔나보다고 했다.

스님은 나를 따뜻한 양지쪽으로 안내하며 얘기를 이어갔다.

대학을 다니다 불교에 귀의하게 된 계기라던가 수행과정에 있었던 일 등 젊었을 때의 고뇌를 그저 지나가는 일처럼 얘기했다. 아무래도 내게 무슨 곡절이 있어 보여 위로해주고 싶은 것 같았다. 절을 나올 때는 읽어보라며 한글로 풀이한 불교 서적도 주셨다. 책은 삶에 대한 종교적 천착이라 이해하기가 쉽지 않을뿐더러 무의미하게 느껴졌다. '삶은 무엇인가'는 큰 관심 없고, '어떻게 살아야 하는가'를 중요하게 생각한다는 취지로 독후감을 써서 다시 찾아가 보여드렸더니 스님은 재미있게 썼다며 빙그레 웃으셨다. 아마도 내 어쭙잖은 논리가 맹랑해 보여 용기나 주자 싶었던 것 같다. 그리고 불자의 길을 걸으면서 힘들었던 일이며 그럼에도 보람있었던 일, 일반 사람들이 중을 특별한 신통력이 있다고 오인해서 생긴 일, 승가에도 있는 알력 등 생소하고 재미있는 일화들을 들려주었다. 은연중에 '삶은 무엇인가'와 '어떻게 살아야 하는가'는 별개가 아니라 한 맥락임을 알게 해주려는 것 같았다.

그때 스님이 들려준 일화 중 하나다.
어느 절에 밥 먹을 때마다 뉘를 골라내며 "웬 뉘가 이리 많냐."라며 투정 부리던 어린 스님이 있었다. 보다 못한 큰스님은 "그 뉘 속에 쌀 있음을 알라."고 나무랐다. 그 후 스님들 사이에서 한동안 '뉘 속의 쌀'을 화두로 삼았다고 한다. 뉘와 쌀의 정체성에 대하여 혹은 불평과 나무람의 정당성에 대하여 스님들 사이에 많은 얘기가 오갔다는 것이다. 나는 불평의 대상이 된 뉘의 입장과 도정되지 못한 쌀의 입장과 꾸중을 들은 동자의 입장에서 생각해 보았다. 모두 나름대로 억울하겠다는 공통점이 있다. 하지만 그걸 감당하는 것은 각자의 몫일 수밖에 없어 화두가 될 만해 보였다. 속 시원히 이해되는 건 아니지만 뭔가 생각할 여지가 많은 것 같아 가끔 되새겨 보곤 했다.
오늘은 등산객이 너무 많다고 불평한 남편과 세상이 소란스럽다고 개탄하는 사람들로 인해 '그 뉘 속에 쌀 있음을 알라'고 한 스님의 말이 떠오른 것 같다.
뉘는 비록 골라내야만 하는 성가신 존재지만 그 안엔 엄연한 쌀이 있다. 너무 단단해 다른 벼알이 도정되는 동안도 그대로 있었던 게다. 그러니 제대로 도정하면 오히려 더 차진 쌀이 될 수 있다. 마치 힘세고 거친 말을 잘 길들이면 처음부터 순한 말보다 더 준마가 되는 것과 같다.

하지만 쌀이 아무리 좋다고 하더라도 뉘 상태로 밥에 섞여서는 먹을 수 없다. 그걸 말없이 골라내며 먹는 다른 사람들에 비해 유독 매번 불평하는 동자가 경망스러워 보일 수 있다. 그러나 그런 불평이 있어 석발기라는 기계를 발명하여 뉘뿐만 아니라 각종 이물질을 걸러내어 편하게 밥을 지을 수 있게 된 게 아닐까. 아무 불평이 없었다면 아직도 쌀을 조리질해서 밥을 짓고 있을지도 모른다.

세상이 소란스럽다는 것도 꼭 나쁜 것만은 아니다. 소란스럽다는 건 변수가 많다는 것이고 그만큼 가능성도 많다는 것이다. 하려고만 들면 무슨 일이든 해낼 수 있는 게 사람의 잠재력 아닌가. 난세에 영웅이 난다고 하지 않던가.

불평의 대상인 뉘도 도정만 잘하면 더 좋은 쌀이 될 수 있듯이, 거친 삶이나 소란스러운 세상도 도정만 잘하면, 처음부터 순탄했던 삶이나 고요한 세상보다 더 차진 삶과 세상이 될 수 있다는 의미로 해석될 수 있지 않을까. 그러자면 뉘 속에 쌀이 있듯 사람들 속에 내가 있다는 걸 먼저 인지해야 한다. 그래야 불평에 대해 적극적으로 개선을 하든가 타협해서 평화를 누릴 수 있다.

남편은 웬 사람이 이렇게 많냐며 불평했지만 나는 그 속에 있는 내가 행복했다. 많은 사람은 만추를 즐기는데 나만 생계에 매여 혹은 몸이 아파 계절이 바뀌고 있는 줄도 모르고 지낸다면 얼마나 속상하겠는가. 세상이 시끄러운 것도 더 좋은 세상이 되기 위한 성장통이니 그 속에 있는 나도 좋아진 세상의 혜택을 볼 수 있는 희망이 있지 않을까.

하산을 재촉하는 남편의 말에 살포시 눈을 떴다.

나뭇가지에 찔려 금방이라도 푸른 물감을 쏟아낼 듯한 맑고 청아한 하늘에 눈이 부시다. 저 새파란 하늘색이 내 삶의 마지막 모습이 되길 빌어본다.

이정표

　삼십 도를 웃돌 거라는 일기예보를 듣고도 도봉산 산행에 나선 게 후회막급이었다. 온 힘을 다해 정상에 올라서는 주저앉고 말았다. 잠시 땀을 들일 땐 시원하더니 다시 걷기 시작하자 금방 푹푹 쪘다. 산행의 즐거움은 고사하고 한시라도 빨리 시원한 계곡물에 발이라도 담그고 싶은 생각뿐이었다. 견디다 못한 남편과 나는 예정했던 망월사 길을 포기하고 눈앞에 길이 나 있음직한 골짜기로 접어들었다. 그런데 조금 내려가다 보니 길은 시나브로 없어졌다. 처음에 길이 있어 보였던 것은 갑자기 많이 내린 비가 쓸고 내려간 흔적 때문이었다. 되돌아 올라가자니 찌는 듯한 더위에 엄두가 나지 않았다.
　길 없는 숲의 적막은 금방이라도 산짐승이나 산도적이 나올 것처럼 무서웠다. 도봉산은 그리 높지 않아 많은 등산객이 찾기도 하지만 군데군데 험한 산세로 조난사고도 간간이 있는 산이다. 우리가 접어든 길도 만만치 않은 산세였다. 정해진 등산로라면 사고 날 염려도 없고 사고가 난다 해도 지나는 사람이 많아 도와주거나 구조요청을 빨리 신고해 줄 수도 있지만 그곳에는 인적조차 없었다.

내친걸음으로 무작정 내려가 보기로 했다. 물은 아래로만 흐르니 물이 흘러간 자국을 따라가면 정상적인 등산로나 평지를 만날 수 있으리란 생각에서였다. 조심스레 물 발자국을 살피며 발걸음을 옮겼다.

물에 쓸리다 나무그루터기에 걸려 쌓인 낙엽, 바위 웅덩이에 고여 있는 물, 움푹 패인 흙길, 쓸리고 씻겨 깨끗하게 다듬어진 바위, 흙이 패여 드러난 나무뿌리, 물에 쓸려 몸 일부가 흙에 묻힌 풀, 가지가 부러진 잡목 등 물길은 다양하게 발자국을 내놓았다.

급경사 길에서는 양손을 짚고 더듬더듬 엉기느라, 숨이 턱턱 막히던 더위도 언제 그랬나 싶었다. 한참을 헤매며 내려오다 정상 등산로를 만나니 동네 골목길을 만난 듯 안도의 숨이 터졌다. 생각할수록 흔적을 남겨 안내해준 물줄기가 고마웠다.

그 물줄기는 어째서 제 계곡으로 내려오지 못하고 그리로 내려왔을까. 아마도 갑자기 큰물이 져 미처 계곡 길로 들어가지 못하고 이리저리 헤매다 우리처럼 길이 나 있음 직한 골짜기를 찾아든 게 아닐까. 그때 그 물도 우리 못지않게 힘들었을 텐데 우리는 물 발자국을 따라 내려왔지만, 물은 무엇을 주목하고 내려왔을까. 혹시 조금이라도 낮은 데로만 가겠다는 신념이 아니었을까. 그래서 낮은 게 막아서면 타 넘고, 높은 게 막아서면 돌아가고, 약해 보이면 깎아내고, 함정을 만나면 희생물을 남기고라도 흘러내려간 게 아닐까.

아래로만 흐르려는 물의 신념은 한사코 위로만 솟으려는 산의 신념과 부딪친 게다. 그 갈등으로 우리가 이정표로 삼았던 물의 발자국들도 생겨난 게 아닐까. 갈등이 클수록 발자국은 뚜렷했고 길은 안전했다.

큰물은 신념을 지키면서도 아무런 상처를 받지 않는데, 산은 수마가 할퀴고 간 자리라 할 만큼 상처투성이다. 그 이유는 무엇일까.

물은 너무 부드러워 몸의 형체조차 없다. 그리고 가장 낮은 곳에 머물려 하니 누구를 시기할 것도 없고 누구의 시기를 받을 것도 없다. 애초 상처 입을 몸도 마음도 없는 게다.

반면 산은 육중하고 단단한 몸집에, 바위 나무 흙 풀뿐만 아니라 각종 벌레와 짐승과 새 등 많은 것을 가지고 있다. 게다가 늘 위로만 솟으려니 기후의 시기를 받아야만 한다. 몸은 크고 가진 것은 많고 거대한 시기마저 받으니 상처가 떠날 날이 없는 게 아닐까.

산과 물처럼 사람과 세월도 끝없이 갈등을 빚는다. 세월을 시류나 유수에 비유하고 과거를 말할 때 거슬러 올라간다고 표현하는 걸 보면 세월도 물처럼 아래로 흘러가는 모양이다. 그런가 하면 처한 환경이 감내할 수 없을 만큼 높은 꿈을 꾸고, 싸움이나 전쟁을 해서라도 높은 지위를 차지하고 싶고, 법을 어겨서라도 향락을 누리고 싶어 하는 사람들은 위로만 솟으려는 산의 속성을 닮은 게 아닐까.

세월은 물을 닮아 상처가 없지만, 세월이 훑고 간 사람의 역사는 상처투성이다. 그 역시 세월은 물처럼 흐르려는 신념만 있는 데 반해, 사람들은 산처럼 꼿꼿하고 가진 게 많고 시기를 하거나 받느라 시달리다 보니 그런 게 아닐까.

그렇다고 물과 산이 대립과 반목 관계만은 아니다.

때때로 물이 산에 상처를 내긴 하지만 계곡을 만들어 산을 살찌게 한다. 산이 아무리 가진 게 많다고 해도 물이 없으면 생존할 수 없다. 그러나 그 물의 발원지는 바로 산이다.

세월 또한 역사에 상처를 내긴 하지만 문화와 문명을 만들어 풍성하게 해주기도 한다. 역사의 어떤 고통도 세월만 한 약은 없다. 그러나 세월의 기록은 사람의 역사에만 있다. 물 없는 산이 있을 수 없고 세월 없는 역사가 없다 보니 상처도 어쩔 수 없는 천륜의 흔적이리라.

오늘 우리가 산의 상처를 이정표 삼아 무사히 내려올 수 있었던 것처럼, 역사의 상처는 현세를 살아가는 사람들에게 미래로 가는 이정표가 돼주지 않을까. 만일 오늘 우리가 물의 발자국을 제대로 보지 못했거나, 다른 걸 지목하고 내려왔다면 사고를 당했거나 큰 고생을 했을 것이다. 마찬가지로 역사의 상처가 남긴 이정표에는 가야 할 길과 가지 말아야 할 길이 함께 나 있다. 그 이정표를 바로 숙지하고 실천하는 것이 안전한 삶의 길일 게다. 성현들이 세세한 분야에 많은 문헌을 남긴 것도 문헌을 통해 이정표를 올바로 숙지해서 후손들이 안전한 길을 가길 바라는 마음에서였을 것이다.

물자국이 난 산이 그랬던 것처럼 상흔이 삶의 이정표 노릇을 해준다면 아마 제 자신에 난 상흔만큼 좋은 이정표도 없으리라. 내게도 오십여 년 이란 세월이 흘렀다. 크고 작은 상처도 남았다. 이 상흔이 앞으로 남은 내 삶에 이정표 노릇을 제대로 해줄 수 있을는지.

삶은 누리려는 자의 몫

 많은 눈을 보고 싶던 차에 마침 강원도 태백에서 눈축제가 열린다기에 가족여행을 떠났다. 기차를 타고 가는 동안 TV 뉴스에서 보던 순백의 산야를 상상하며 잠시도 창밖에서 눈을 떼지 않았다. 그런데 순백의 산야는커녕 캄캄한 터널만 셀 수 없이 나타나 마치 지하철을 타고 가는 듯 답답하고 지루했다.
 태백역에 도착할 때까지도 보이지 않던 눈은 태백시에서 버스를 타고 눈축제 장소인 태백산 국립공원으로 들어가서야 약간 쌓여 있었다. 그러나 선전과 달리 눈 조각은 겨우 커다란 눈 사각틀만 만들어 놓은 상태였고 석탄 박물관은 마무리 공사가 한창이었다. 꼭 그런 걸 보려고 온 건 아니지만 가뜩이나 많은 눈을 보리라던 기대가 무너진 뒤라 이래저래 실망만 컸다. 그렇다고 다음 날 오후로 예매한 기차 시간까지 무료하게 지낼 수만은 없었다.
 이튿날 새벽 5시, 춥고 힘들다며 펄쩍 뛰는 애들은 자게 내버려 두고 남편과 일출을 보기 위해 등산길에 나섰다. 우리 외에는 아무도 없는 캄캄한 새벽 산은 살을 에는 듯한 추위와 귀기스런 바람 소리와 가까워졌다 멀어졌다 하는 계곡물 소리가 합쳐져 공포감마저 자아냈다. 남편은 돌아가야 하지 않겠냐고 나를 떠보았지만, 잔뜩 긴장하고 앞만 보고 걷던 나는 대답 대신 발걸음만 재촉했다. 다행히 다른 곳과 달리 태백산은 많은 눈이 내린 뒤 녹지 않고 사람들의 발길에 다져져 있어 아이젠 박히는 경쾌한 소리와 폭신한 감촉이 발걸음을 가볍게 해주었다.

 계곡을 따라가다 능선에 오르자 어둠이 걷히면서 두려움과 추위도 견딜 만해졌다. 뿐만 아니라 홀연히 나타난 눈꽃들의 세계에 절로 탄성이 나왔다. 그야말로 신이 벌이는 눈축제였다. 안개인지 구름인지 뿌연 공기 덩어리가 바람에 일렁이는 모습은 어떤 서기(瑞氣)마저 느끼게 했다. 능선을 따라 정상인 천제단에 오르니 하늘까지 닿은 운무 속에서 산은 이제 막 잠에서 깨어나고 있었다. 멀리 두꺼운 운무 이불 끝자락을 들추고 들어온 햇살, 땅 위에 깔린 폭신한 눈요, 그 위를 설설 기는 눈보라, 토속적으로 쌓은 돌 제단, 허연 서리를 뒤집어쓰고 앉아 무언가를 낭낭하게 외고 있는 사람, 그 신령스런 분위기에 저절로 고개가 숙여지고 합장이 되었다. 하지만 몸이 휘청거릴 만큼 세찬 바람과 강추위 때문에 벼르던 축원도 제대로 못 한 채 이내 발길을 돌려야 했다. 그래도 내려오면서는 누가 버리고 간 마대 자루를 주워 엉덩이 눈썰매를 타 보기도 했다.

 늦은 아침을 먹고 아이들을 위해 눈썰매장으로 갔다.
 평일이어서인지 매우 한산하여 서울이나 근교 눈썰매장에 비하면 쓸쓸하기까지 했다. 남편은 한 번을 타 보더니 나이를 의식해서 쑥스럽고 민망하다며 다른 어른들과 마찬가지로 슬로프 아래에 서서 구경만 했다. 물론 나도 대부분 어린애들이나 고작해야 청소년들 속이라 어설프기는 했다. 하지만 아이들은 점점 커져 우리를 필요로 하지 않을 테고 반면 나는 나이 들어 그나마 이런 기회는 다시 오지 않을지도 모른다는 생각으로 쑥스러움을 떨쳐버렸다.

새벽에 이미 등산해서 120m의 경사길을 오를 때는 다소 지치기도 했다. 정 힘들면 슬로프 밑에서 썰매에 두 다리 쭉 뻗고 앉아, 누가 빨리 내려오나 심판을 봐 주면서 함께 어울리니 아이들도 저희끼리만 타는 것보다 즐거워했다. 무료함과 추위를 견디다 못한 남편은 휴게실로 들어갔는데, 우리가 들어갔을 땐 난로 옆 의자에 앉아 고개를 떨군 채 잠들어 있었다. '에이그, 그 귀한 시간을 내어 이 먼 곳까지 와서 고작 쯧쯧…' 하는 생각으로 나는 고개를 저었다.

집채만 한 눈덩이에 스프레이로 밑그림만 그려 놓고 막 깎기 시작하는 눈조각장을 떠나 황지연못으로 발길을 돌렸다. 황지(潢池)는 시주를 나온 스님의 바랑에 똥거름을 부은 황부자가 천벌을 받아 집터에 벼락이 떨어졌는데 그곳에 생긴 연못이라 하여 붙여진 이름이다. 황지는 한 작은 호텔의 앞마당에 있는 연못에 불과하지만 커다란 수초들로 깊이를 짐작할 수 없었다. 또한 아무리 가물거나 장마가 져도 항시 똑같은 양의 물이 솟아 천삼백 리 낙동강의 발원지가 되고 있다니 참으로 경이롭건만 나 외의 식구들은 많은 눈에 대한 기대의 실망에서 헤어나지 못한 탓인지 다른 것과 마찬가지로 시큰둥해했다.

돌아오는 기차 안에서 남편은 그나마 천제단에 안 갔으면 이번 여행은 헛걸음이 될 뻔했다고 아쉬움을 달랬고, 아이들은 눈썰매라도 안 탔으면 후회막급이었다고 실망감을 달랬다. 그것도 고작 눈썰매 타러 이렇게 멀리 왔냐고 투덜거리는 걸 서울이나 근교의 눈썰매장처럼 한참씩 순서를 기다리지도 않고 위험도 없어 편하지 않았냐는 내 변호까지 있어야 했다.
 그러나 도착하면서부터 줄곧 분주했던 나의 감회는 달랐다.
 흔히 인생을 여행에 비유한다. 우리 가족은 여행에 앞서 많은 눈에 대한 동경과 선입견을 가지고 있다가 실망한 나머지 그 여행지만이 가지고 있는 또 다른 귀중한 맛을 놓쳤다. 마찬가지로 인생에 있어서도 큰 기대와 예상을 가지고 있다가 그에 미치지 못한 실망감에 정작 인생이 주려 했던 다른 즐거움을 놓치고 있는 경우는 없을까. 인생은 향유하고자 하는 사람의 몫이다. 물론 향유욕이 지나쳐 남에게 피해를 주거나 혐오감을 주어서는 안 되겠지만 소극적이거나 부정적인 생각에 사로잡혀 주어진 몫조차 누릴 줄 모르는 것은 우매한 짓이다.
 남편은 다행으로 생각했지만 애들이 빠진 태백산 등반과 애들은 좋아했지만 남편이 빠진 눈썰매에 난 모두 함께했다. 그리고 나 혼자 태백산에서만 탈 수 있다는 엉덩이 썰매 타 보고 황지못의 경이로움도 느낄 수 있었다. 그러니 이번 여행은 거의 내 몫인 셈이다. 그런 내 행동을 예로 들어가며 삶이란 적극적인 사람의 편이라는 것을 두 아들에게 얘기해 보지만 얼마나 받아들이는지 그것 역시 그들 몫이다.

사연 없는 삶이 어디 있으랴

　각흘산에 가던 날은 산 이름만큼이나 기후도 낯설었다.
　잔뜩 흐린 채 비가 오는 것도 아니고 갠 것도 아니어서 스산하기도 하고 신비스럽기도 했다. 멀찌감치 버스에서 바라볼 때부터 산허리엔 마치 기암절벽에 부딪히는 파도처럼 비구름이 일렁이고 있었다.
　산행은 그 비구름 속에서 시작했다.
　멀리서 볼 때는 햇솜처럼 포근해 보이던 구름은 막상 들어가니 물풍선 속 같았다. 가는 비가 오는 것 같아 우산을 받쳐들었지만 온몸으로 습기가 스며드는 데다 앞사람이 스치고 지나간 물 묻은 나뭇가지가 후려치는 바람에 쓰나 마나였다.
　차츰 깊은 산길로 접어들자 축축한 길 위에 말간 도토리가 지천이었다. 옛말에 도토리는 들이 흉년이면 많이 열리고 풍년이면 적게 열린다는 말이 떠올라, 혹시 올 벼농사는 흉년이 드는 게 아닌가 하는 방정맞은 생각이 들기도 했다. 도토리가 그렇게 영물일까마는 한때 구황식품으로서 한몫 단단히 했음을 이르는 말일 게다. 그 구황식품이 기호식품이 되었으니 도토리나 그걸 먹는 사람이나 모두 신분 상승을 한 셈인가.

산 정상엔 두꺼운 외투를 벗어버리듯 어둑한 숲을 빠져나간 바위들이 우뚝우뚝 솟아 산하를 굽어보고 있었다. 비와 바람과 구름이 한데 어우러진 기상용어가 따로 있으면 좋을 날씨였다. 발아래 구름 덩어리들은 바람에 떠밀려 이 골 저 골로 몰려다녔고, 그때마다 마치 몸에 걸쳤던 베일이 벗겨지며 드러나는 처녀의 알몸처럼 구름에 가려 있던 들이며 호수며 마을들이 홀연히 나타났다 사라지곤 했다. 온통 산이 젖어 있어 어디 한 군데 편히 앉아서 쉴 곳도 마땅치 않았지만, 사방 눈 호사로 굳이 앉아 있고 싶지도 않았다. 많이 처져 있던 일행이 구름 위로 쑥쑥 머리를 내밀며 올라오는 모습은 움직이는 산수화 같았다.

후미 그룹이 도착할 즈음 내가 속한 선두는 올라온 길의 반대편으로 하산하기 시작했다. 등산 때와는 달리 하산할 때는 제법 빗발이 보일 만큼 굵어졌다. 낮은 산하를 양쪽으로 거느린 능선길을 내려올 때 만 해도 비조차 낭만으로 여겨졌다.

계곡에 당도해서 섬칫하니 발걸음이 멈춰졌다.

몇 달 전 휩쓸고 간 태풍 매미의 흔적이 역력했다. 당시 태풍과 폭우가 겹쳐 각종 매스컴은 가옥 파괴 농경지 침수 인명 피해 등 날마다 태풍피해 소식을 전했다. 어느 산기슭인가 무너져 그 아래 가옥을 덮쳤고, 어느 산간 마을은 산에서 쓸려내려온 고사목과 잡목들이 계곡물을 막아 물이 불어나는 바람에 고립되었다는 소식을 계속해서 전파하기도 했다. 다행히 인명 피해는 없지만 고립된 주민들의 안전과 불편 해소에 만전을 기하려는 관의 소식도 전했다.

그때는 이런저런 피해 상황에만 관심이 쓰였지 쓸려 내려온 산은 안중에 없었다. 어찌 생각하면 사람들에게 피해를 입힌 가해자가 산처럼도 여겨졌다. 그런데 막상 처참한 광경을 보니 정작 산도 살점이 떨어져 나가고 힘줄이 끊어진 어마어마한 피해자였다. 등산로는 불어난 물길의 힘으로 끊어져 자갈만 나뒹굴고, 꼭대기에서 쏟아져 내려온 흙더미는 새로운 비탈길을 내놓았다. 군데군데 나무들도 쓰러져 뿌리가 하늘을 향하고 있었다. 밑동부터 두 갈래로 나뉜 채 수십 년은 컸을 밤나무 한 그루는 한쪽 갈래가 쓰러져 죽어가고 있었다. 다른 한쪽 갈래에선 쓰러진 갈래의 몫까지 열리기라도 한 듯 작은 밤송이들이 다닥다닥 붙어 보란 듯이 영글어 가고 있었다. 삶과 죽음이 공존하고 있는 밤나무의 모습은 마치 전쟁 통에 죽은 엄마 곁에서 맹렬히 울고 있는 아기 사진을 떠올려 애잔하게 했다.

사람들이 크고 작은 사연들을 겪으며 살아가듯 산도 이런저런 사연들을 겪어내며 살아가는 게다. 하긴 사연 없는 삶이 어디 있으랴. 사람들은 백 년을 못사는 삶을 살면서도 온갖 희로애락을 느끼는데, 생몰조차 가늠할 수 없을 만큼 긴 삶을 살아낸 산의 사연은 어떠했을까. 새삼 숙연해지기도 했다.

어떤 사연을 만나든 대응하기 따라 결과는 달라질 것이다.

기쁜 일에 기뻐하되 자만하지 말고, 슬픈 일에 슬퍼하되 좌절하지 말고, 부당한 일에 분노하되 평정심을 잃지 않는다면 어떤 사연이든 좋은 결과를 얻을 것이다. 어쩌면 모든 사연은 탄탄한 삶을 위한 단련의 수단일지도 모른다. 산은 이미 오래전부터 그렇게 단련해왔던 건 아닐까.

각종 피해집계를 날마다 보도하고 복구작업을 종용하고 구호 성금을 걷으며 부산을 떨었던 사람들과 달리, 피해 사실이 한마디 한 줄도 보도되지 않은 이 산은 나름의 방법으로 집계도 내고 복구도 해내고 있었던 게다. 그렇게 무구한 세월을 견뎌냈기에 수많은 생명을 품어 살리고 있는 것이다.

양이 많아진 계곡물은 잘 닦여진 거울 속 같고, 새롭게 소를 이룬 곳은 암녹색을 띠었다. 쑥부쟁이 구절초 등 지천으로 피어 있는 야생화나, 으름 머루 등 올망졸망 열려 있는 산열매들이나 그 어디를 보아도 산은 의연하게 태풍을 이겨냈다.

그런 승리자의 품속을 돌아나온 우리 일행들은 전리품이라도 얻은 듯 득의양양했다. 촉촉이 젖어 상기된 표정으로 밥 먹을 곳을 찾는 모습에는 건강미가 넘쳤다. 건강만큼 소중한 전리품이 어디 있으랴. 나도 바짓가랑이가 젖어 꿉꿉했지만 승리자의 여유에 덩달아 고무되어 노래라도 부를 것 같았다.

산허리를 일렁이는 비구름에 홀려 입산해서
태풍을 물리친 당찬 근육질의 몸매로

목욕을 마치고 반투명 베일을 걸치고 있는
처녀의 알몸 같은 산새에 마음을 빼앗기고
온갖 야생화로 치장한 향기에 헤적이다가
가을을 숙성시키느라 바쁜 비에게 쫓겨나오는데
심산 속에 숨어 있던 계곡물이 따라 나오며
청아한 목소리로 꼭 다시 오라 배웅하네

백두산

산악회에서 백두산행 일정이 잡혀 남편에게 같이 가자고 했다.

남편은 놀라다 못해 어안이 벙벙한 표정이었다. 반대할 걸 예상하고 있던 터라 준비해둔 말로 설득을 해보았지만 씨도 먹히지 않았다. 나 혼자라도 가겠다고 했다. 남편은 선전포고라도 받은 것처럼 황당해했다. 이제까지 내가 살아온 태도에 비추어 자기가 안 간다면 당연히 나도 포기할 줄 알았던 눈치다.

집을 비우기 힘든 여건임을 나라고 어찌 모르겠는가.

하시만 이미 삭년부터 산악회에 여행비를 적립해왔고, 그때 현재의 여건을 짐작 못 했듯이 또 앞으로 어떤 상황이 될지 모르니 이번 기회를 놓치고 싶지 않다고 호소했다.

남편은 여러 가지로 탐탁지 않았겠지만 사고 나면 어떻게 하나는 말로 언짢은 속내를 압축시켰다. 나 또한 다른 속뜻은 모르는 척하고 겉으로 내세운 '사고'만이 만류하는 이유의 전부인 양 기우에 불과하다고 고집을 부렸다. 이미 협조를 약속해준 큰아이도 거들어주었다.

마지못해 알아서 하라고 승낙은 했지만 우리는 며칠 동안 뜨악하게 지냈다. 여권이 나오고 떠날 날이 임박해지자 꼭 가야 하냐고 다시 내 마음을 떠보았다. 나도 마음이 편치만은 않았다. 집안 사정도 사정이지만 잠자리가 바뀌면 잠을 못 자고 설사도 하는 등 내 개인적인 문제도 만만치 않았다. 구차한 설명을 하기 싫어 그냥 "응." 하고 대답해버렸다. 하지만 정말 무슨 일 당하면 어쩌냐는 남편의 간곡한 채근이 못내 걸렸다. 백두산이 우리의 산이기는 해도 중국을 통해 가는 것이라 나로서는 첫 해외 나들이인 셈이다. 게다가 처음으로 장시간 집을 비우는 것이니 남편이 걱정하는 것도 무리는 아니다. 무엇보다 자기가 보호할 수 있는 범위를 벗어난다는 데 대해 몹시 불안해했다.

그 불안함이 전이된 듯 만일의 불상사에 대해 마음의 준비를 해두어야 할 것 같았다. 내가 돌아올 수 없는 경우 내 존재는 어떤 의미로 남을까.

대형사고가 났을 때 매스컴에 비친 유가족들의 우왕좌왕하는 모습이 떠올랐다. 특히 보상에 묶여 생업도 포기하고 몇 날 며칠을 애태우는 모습이 마음에 걸렸다. 나로 인해 남편이나 아이들이 그러는 건 정말 싫다. 그저 운명으로 받아들이고 하루빨리 평상을 찾았으면 좋겠다. 가급적 재혼도 빨리해서 내가 비운 자리가 나쁘게 표나지 않고 오히려 전화위복이 돼주었으면 한다.

여행에 앞서 우선 티브이 화면이나 그림을 통해 익숙해 있는 백두산에 대한 이미지를 지우기로 했다. 오로지 나만의 백두산을 가지고 싶었다.

 백두산은 시간대로 기후가 달라진다는데 다행히 아주 청명했다. 가이드는 칠 년 동안 안내했지만 이렇게 하루 종일 쾌청하기는 다섯 손가락 안에 들 거라고 했다. 백두산의 중국 쪽 이름인 장백산 입구에서부터 지프를 타고 올라갔다. 여느 숲길과 비슷하다가 침엽수대를 벗어날 즈음부터 예사 산과는 다른 조짐이 보였다. 초원지대에 들어서면서부터는 동자승 머리에 난 가리마 같은 길이 톱날처럼 뻗어 올라갔다. 점점 민둥산으로 변한다 싶더니 이내 땅과 하늘은 구름을 사이에 두고 맞붙었다. 몸은 가눌 수 없이 이리 쏠리고 저리 쏠리면서도 시각적인 느낌은 비행기를 탄 듯했다.
 차는 천문봉에서 불과 몇십 미터 아래에다 우릴 부려놓았다.
 풀 한 포기 없는 흙길에 경사가 심해 빤히 보이는 정상을 곁눈질해 볼 여유 없이 올라갔다.
 천문봉에 올라 한눈에 들어온 풍경!
 그건 신이 무얼 만들려다 실패한 미완성의 작품 같았다. 어떻게 이럴 수 있나 싶어 마음을 가다듬고 다시 살펴보았지만, 실패작이 아니라면 신이 이루려다 미처 이루지 못한 꿈이라고 할 수밖에 없었다. 나무 한 그루 없이 육중하게 둘러쳐진 산새는 외세와 세파에 허물어졌거나 쌓다가 만 성곽이었고, 깎아지른 듯 치솟은 돌기둥은 화려한 천장을 떠받치고 있던 신전 기둥이었다. 성곽 안에 갇힌 시퍼런 물은 꿈을 이루지 못한 신의 한이었다. 그러나 비록 이루지는 못했지만 지금의 모습만으로도 그 꿈이 얼마나 웅장했을지 어떤 상상을 해도 그에 미치지 못할 것이다. 사위를 압도하고 있는 기상과 서기는 곧 다시 꿈을 향한 신의 대역사가 재개될 것이라는 걸 암시하고 있는 것 같았다. 그럼에도 저 아래 웅크리고 있는 물은 신의 한으로 밖에는 달리 설명할 수가 없었다.

원래 하산길은 천문봉 쪽이든 천지 쪽이든 올라왔던 길로 되짚어 내려가야 하는데, 안내인은 우리가 산악회팀이라고 봉우리에서 천지로 내려가는 위험천만한 코스를 택했다.

바로 아래 능선까지는 그런대로 쉽게 내려왔다.

그 능선부터 사람들이 조막만 하게 보이는 천지까지는 까마득한 급경사 길이었다. 산을 잘 타는 사람들은 불러도 안 들릴 만큼 내려갔는데 내 앞에 가는 사람들은 한데 엉켜 쩔쩔매고 있었다. 답답하지만 워낙 경사진 데다 길이 제대로 나 있지도 않고 크고 작은 돌멩이들이 건드리기만 해도 굴러 섣불리 앞지를 수가 없었다.

겨우 요리조리 틈을 비집고 앞서 내려가다 선두 그룹과 후미 그룹의 중간쯤에 서서 내려온 길을 올려다보았다. 사람들은 붙들어주고 받쳐주며 기다시피 내려오고 있었다. 대부분 노부부들이다. 결코 녹록지 않은 세파를 저들은 저런 모습으로 헤쳐나왔으리라. 불현듯 오래전에 헤어진 것처럼 간절해진 남편 생각에 이미 봉우리에서부터 눅눅해져 있던 마음에 균열이 가면서 목울대가 뻣뻣해지기 시작했다. 돌아서서 발걸음을 재촉하다 두 번이나 아찔할 정도로 미끄러졌다. 목울대는 점점 더 뻣뻣해졌다. 다 내려왔을 때 먼저 내려와 있던 사람들이 옹기종기 앉아 있었지만 나는 복받치기 시작한 울음을 견디지 못해 그들을 스쳐 천지를 향해 뛰었다.
　물은 바람결을 따라 조금씩 일렁이고 있었다.
　곧 뒤따라올 일행을 감안해 호숫가를 따라 후미진 쪽으로 한참 더 걸어갔다. 이쯤이면 아무도 모르겠지 싶은 곳에 이르러 나는 잔뜩 긴장해 있던 목울대를 풀었다.
　남편과 아이들의 이름을 부르며 마음을 진정시키려 했지만 쉽지 않았다. 생각할수록 보고 싶고 미안하고 동행을 거부한 남편이 야속했다.
　친정어머니 장례에 와서 제 설움에 겨워 목놓아 우는 딸의 심정으로 얼마 동안 더 청승을 떨고서야 마음을 추스릴 수 있었다. 내처 신발 벗고 천지에 들어가 물도 떠 마셔보고 가지고 온 물병에 물을 담기도 했다. 물맛은 여느 산의 약수와 비슷한데 우리나라 최고봉의 물이라는 점에 예사로 느껴지지 않았다. 처음 천문봉에서 내려다보며 느꼈던 신령한 한이란 느낌이 다시 들었다.
　"신이시여! 당신은 무슨 꿈을 이루지 못해 이리도 가슴 깊이 한을 품으셨나요!"
　엉뚱한 연민에 사로잡혀 그동안 안 된다고 생각하면서도 미련을 못 버린 소설에 대한 꿈을 수장해버렸다.
　봉우리와 달리 천지 주변엔 키 작은 풀과 야생화가 납작하게 자생하고 있었다. 풀밭에는 작은 돌을 서너 개에서 대여섯 개씩 쌓아올린 돌탑들이 무수히 널려 있었다. 봉우리에서도 그랬지만 뭔가 신과 대화를 하지 않고는 못 배기는 곳이 천지다. 나도 돌을 쌓았다. 맨 밑에는 부진한 사업으로 노심초사하고 있는 남편의 돌, 그 위에는 비어 있는 어미 자리를 채우기 위해 앞치마를 둘렀을 큰아이 돌, 그리고 대입 시험을 위해 머리를 싸매고 있을 작은아이 돌, 마지막으로 천지에 수장해버린 내 꿈의 돌을. 한 뼘밖에 안 되는 돌탑 앞에 합장을 했다. 미안하다는 말 이외에 수많은 말들이 눈물이 되어 뺨을 타고 흘렀다.

장백폭포 쪽으로 향한 하산길은 시멘트 길로 초입엔 난간이 설치되어 위험하지도 않고 얼마든지 경치를 완상하며 내려갈 수 있었다. 그러나 얼마 가지 않아 깎아지른 절벽에 둥근 지붕의 벽을 잇댄 터널식 길로 이어졌다. 벽에는 일정한 간격으로 구멍을 내놓았다. 그 구멍을 통해 들어오는 빛에 의지해서 내려가야 하는 급경사의 계단길은 여간 조심스러운 게 아니었다. 그런 계단길이 몇 번인가 꺾이더니 하얀 주름 같은 장백폭포가 눈에 들어왔다. 그 장엄함에 잠시 넋을 놓았다가 발길을 서둘렀다.

터널길은 거기서도 몇 번 더 꺾여 이어지다 '장백폭포'라는 석간판이 있는 폭포 하단에서 끝이 났다. 하단에서 올려다본 폭포는 다시 내 가슴을 뛰게 했다. 세 갈래로 쏟아져 내려오는 폭포 곁으로 마치 기차 몇 량이 휘어져 절벽에 붙어 있는 것 같은 터널길은 신과 인간이 합작한 걸작품이었다. 작품은 꿈은 이루려는 의지만으로도 얼마든지 아름다울 수 있다는 걸 웅변하고 있었다. 어쩌면 성공이라는 것도 의지의 한 과정일 뿐 끝은 아닐 수도 있다. 나는 수장했던 소설에 대한 꿈을 슬금슬금 도로 꿰찼다.

이튿날 다시 한번 신을 만났다.
숙소 근처에 소천지가 있어 아침 일찍 볼 수 있었다. 천지에 비하면 옹달샘 수준이지만 그 풍기는 멋은 신의 솜씨가 분명했다. 막 퍼지기 시작하는 햇살을 머금은 소천지는 발을 내디뎌 보고 싶을 만큼 매끈한 수면 밑으로 적요한 숲을 드리우고 있었다. 은환호(銀環湖)라는 이름답게 낮은 석축을 두른 아담한 연못은 바짝 들여다보니 바닥은 이끼와 쓰레기로 그리 깨끗하지 못했다. 그러나 일부러 바닥만 들여다보지 않으면 정물화처럼 고요하고 청정한 모습이 여간 앙큼스러운 게 아니다. 근접할 수 없을 만큼 위대하기만 한 줄 알았던 신이 이렇게 앙큼할 수도 있다는 게 어찌나 반가운지 절로 미소가 지어졌다.
백두산을 영산이라고 하는 것은 내가 이틀 동안 만난 신이 살고 있기 때문 아닐까. 얼마든지 우리와 함께 울 수도 웃을 수도 있는 신, 그 신이 보여준 삶의 무늬를 민족의 정기라고 하는 건 아닌지⋯
첫 해외 여행지를 영산 백두산으로 가게 된 게 참 다행이란 생각이 든다. 백두산의 영험을 받아 앞일이 잘될 것만 같은 기분을 감출 수가 없다.

인적

완연한 봄기운이 돌아 가벼운 마음으로 북한산 산행에 나섰다.

산 초입에는 진달래가 벙글기 시작했고, 날씨는 덧입은 겉옷을 벗어야 할 만큼 따뜻하고 화창했다. 중턱까지도 봄을 만끽하며 오를 수 있었는데 인수봉 쪽 계곡으로 접어들면서 응달이라 군데군데 빙판이 있었다. 미끄러워 조심하다 보니 가파른 길에서는 상춘객들로 정체도 빚었다. 다행히 계곡을 벗어나 산장부터는 햇볕이 잘 들어 점심을 느긋하게 먹을 수 있었고, 그 후로는 마음 놓고 산행을 계속할 수 있었다.

매번 서울 쪽으로만 오르내렸는데 오늘은 남편의 주장에 따라 경기도 쪽으로 넘어가 보기로 했다. 북한산 정상인 백운대와 거대한 암벽 인수봉 사이로 넘어가는 길은 좁고 험했다. 게다가 양지바른 서울 쪽과 달리 경기도 쪽은 산그늘이 깊어 바위투성이 길은 아직 녹지 않은 눈이 다져져 있고 경사마저 가팔랐다. 초행인 데다 너무 위험해 보여 돌아갈까도 생각했으나 험하고 미끄러운 정상 부근만 벗어나면 녹았을 것 같아 강행했다.

아이젠도 준비하지 않아 네발로 기다시피 해야 했다.
몸이 경직될 만큼 긴장하고 내려오다가 눈 녹은 길을 만나 안도하며 허리를 펴는데 옆 능선에서 내려오는 사람들이 눈에 띄었다. 그쪽은 해가 잘 들어 음산한 이쪽과는 다른 산처럼 보였다. 어디서 내려오느냐고 물으니 '숨은벽'이란다. 구멍바위도 있고 경치가 아주 끝내준다는 설명도 덧붙였다. 나는 숨은벽이라는 이름에서부터 호기심을 느꼈다. 빙판길을 내려오느라 그리 혼이 나고도 우리는 호기심을 못 이겨 다시 오르막길인 그쪽으로 행보를 옮겼다.
숨을 몰아쉬며 비좁고 경사져 눕다시피 빠져나가야 하는 묘한 구멍바위를 통과해서 숨은벽 능선에 올랐다. 경치가 끝내준다는 말은 빈말이 아니었다. 숨은벽은 한쪽은 인수봉에 또 다른 쪽은 백운대에 가려 어느 능선에서도 보이지 않는다 하여 붙여진 이름이라고 한다. 그리고 보니 거대한 두 봉우리 사이에 오똑하게 도드라져 있는 모습이 마치 여인의 벌린 가랑이 사이에 발기한 음핵처럼 느껴졌다. 봄의 정령을 받은 능선들이 교성이라도 지를 듯한 절경에 취해 몇 번씩 사진을 찍고도 쉬 자리를 뜰 수가 없었다.
들뜬 기분에 오던 길로 내려가지 않고 내쳐 숨은벽 능선을 타고 내려가기 시작했다. 백운대에서 내려올 때는 빙판이라 발밑만 살피느라 주변 경관은 쳐다볼 엄두도 못 냈는데 양지바른 숨은벽 능선에서는 사방을 둘러보며 해찰하는 여유도 생겼다. 그런데 얼마 가지 않아 등산객이 점점 드물게 보인다 했더니 이내 사람도 길도 사라졌다.

당황하기 시작했다.

되짚어가야 했으나 시간도 너무 걸릴 것 같고 조금만 헤매다 보면 길을 찾을 수 있을 것 같아 이리저리 발걸음을 옮겨 보았다. 하지만 희미하게나마 길처럼 보여 가보면 천야만야한 낭떠러지이거나 산짐승이라도 숨어 있을 것 같은 숲에 가로막혔다. 아마도 길 잃은 사람이나 무모한 개척자가 이리저리 헤맨 자국이었던 것 같다. 이젠 절경이고 뭐고 그 사이비 길에 일조하며 길 찾는 데만 온 정신을 쏟았다. 그러나 시간만 늦어질 뿐 길도 사람도 보이지 않았다. 평소에는 번잡한 게 싫어 피하거나, 한적한 곳에서 만나면 무섭기까지 했던 사람이 그렇게 그리울 수가 없었다.

길을 아는 사람이라면 안내자가 돼줄 것이요, 길을 잃은 사람이라도 의지가 돼줄 것 같았다. 그러나 사람은 흔적조차 보이지 않았다. 시간이 늦어지면서 바람마저 일었다. 봄바람은 가슴을 파고든다고 하여 시앗바람이라고 한다더니 정말 땀에 젖은 몸을 파고들어 한기가 들기 시작했다. 바람 소리에 사람의 소리를 놓칠까 싶어 잔뜩 귀 기울여 보았으나 허사였다. 119에 신고하려 해도 있는 위치를 설명할 수가 없다. 힘들어하는 나를 앞혀놓고 이리저리 길을 찾아보던 남편도 지쳐 불안감을 감추지 못했다.

망연자실해 있던 참에 저만치에 휴지가 눈에 띄었다.

휴지는 사람만 쓰는 물건이다. 바로 애타게 찾던 인적이다. 귀중한 보물이라도 찾은 것처럼 반가웠다. 또 다른 인적이 있을까 하여 주위를 넓게 둘러보니 여남은 발작쯤 떨어져 또 휴지가 보였다. 다가가 보니 누군가 변을 보고 뒤처리를 한 휴지였다. 변을 보고 뒤처리를 하는 건 정말 사람이 아니고는 할 수 없는 일 아닌가. 먼저 휴지는 다른 곳에 있다가 바람에 날려온 것일 수도 있지만, 변을 닦은 휴지는 확실한 이곳의 인적이다.

암 판정을 받았다가 오진으로 밝혀진 것만큼이나 반가웠다.

누구인지 그도 길을 찾느라 똥을 쌀 만큼 용을 썼던 게 아닐까 싶었다. 그렇게 용을 썼다면 길을 찾아냈거나 만들어라도 냈을 것만 같았다. 더군다나 하나면 점이지만 두 개는 길이다. 두 휴지가 길의 방향이라도 알려 주는 것처럼 발걸음을 옮기기 시작했다. 조마조마한 마음으로 얼마를 가다 보니 수북이 쌓인 마른 낙엽 더미 밑으로 희미하게 삐져나온 길이 보였다. 그 길까지는 길 없는 비탈을 내려가야 하지만 그래도 길은 확실해 보였다. 안도의 숨이 길게 터졌다. 스틱을 움켜쥐었던 손아귀에 힘이 풀렸다. 손바닥이 얼얼했다. 그 와중에도 우리처럼 길 잃은 등산객이 있으면 도움이 될까 싶어 인적을 남긴답시고 스틱을 힘주어 팍팍 찍으며 걸었다.

여전히 사람은 보이지 않았지만 물소리와 함께 넓은 계곡이 보였다. 그 정도면 웬만큼 내려온 셈이다. 이제 산속에서 조난당할 일은 면한 것이다. 그제야 나갔던 혼이 제대로 돌아왔다. 생각할수록 산속에 떨어진 휴지 두 개가 그렇게 고마울 수가 없었다. 인적이라도 음식이 버려져 있었다면 썩었거나 짐승이 먹어버려 꼼짝없이 조난자가 되었을 것이다. 아무도 거들떠보지 않고 쉽게 썩지도 않는 쓰레기였던 게 천만다행이었던 셈이다.

 문득 삶의 여정에서 사람의 족적도 이런 게 아닐까 싶었다.
 앞서간 사람의 흔적은 뒤에 가는 사람에게 지표가 된다. 성공한 사람의 족적은 따라가고 실패한 사람의 족적은 반면교사로 삼으면 안전하게 여정을 계속할 수 있을 것이다. 어느 족적이든 귀하지 않은 족적은 없는 것 같다. 쓰레기에 불과한 휴지 조각도 때론 조난의 위기에서 구해줄 수 있지 않은가. 어쩌면 바람에 날려온 휴지가 아니라 똥을 쌀 만큼 용을 쓴 흔적이기에 신뢰했을지도 모른다. 만일 길이 잘 나 있는 곳이라면 서둘러 화장실을 찾아가지 거기다 변을 볼 사람은 없다. 또 길에 휴지가 떨어져 있으면 눈살을 찌푸리지 그렇게 반갑지는 않을 것이다. 인적도 길도 없는 깊은 산중에 떨어진 휴지는 다급한 상황에 대한 공감을 주기에 충분했던 것이다.
 산을 거의 다 내려오니 어스름이 깔리기 시작했다.
 오늘 산행은 단순한 등산이 아니라 오지를 탐험한 느낌이다. 특히 인적을 발견했을 때의 환희를 잊을 수 없다. 표면상으로는 가장 더러운 인적이기에 더욱 그럴 것이다. 삶만큼 힘든 오지가 또 있을까. 그 삶을 탐험하는데 아무리 미천한 인적이라도 얼마든지 조난자의 이정표가 될 수도 있다는 메시지가 그렇게 반가울 수가 없다.

전복밭의 연등

오랫동안 섬 여행을 동경해 왔다.

제주도처럼 크거나 강화도처럼 차로 갈 수 있는 섬이 아니라, 배로 가야만 하는 작은 섬들을 가보고 싶었다. 왕래가 자유롭지 않다는 생각에 막연히 어떤 고유한 삶의 모습과 진한 감성, 그리고 애틋한 사연이 있을 것만 같은 선입견으로 벼르고만 있다가 큰맘 먹고 날을 잡았다. 해남 땅끝마을을 시작으로 보길도 완도 청산도를 거쳐 목포로 돌아오는 삼박 사일의 일정이었다.

새벽에 출발해서 두륜산을 들렀다가 오후에 해남 땅끝마을을 향했다. 구불구불 산길을 도는 동안 저 멀리 바다가 보이기 시작했다. 이제 시작이구나 싶은 기꺼움에 바다에서 눈을 떼지 못했다. 바다는 차가 산모퉁이를 돌 때마다 사라졌다 나오길 반복했다. 바다 한 편에 점점이 줄지어 있는 부표도 보였다. 처음에는 무엇인가 의아했는데, 마치 달 밝은 밤 시골길을 갈 때 산모퉁이를 돌면 없어지려니 했던 달이 그대로 눈앞에 있듯, 바다가 보이면 어김없이 같이 있는 부표들을 보고, 남해안에는 양식을 많이 한다더니 양식장인

가 했다,

 땅끝마을 전망대에서뿐만 아니라, 장소를 옮기며 예상하고 기대했던 풍경들에 감탄하는 중에도 양식장 모습이 자꾸 눈에 들어왔다. 나중에는 농촌에 가면 골짜기마다 으레 끼어 있는 밭뙈기처럼 그냥 바다에 끼어 있는 섬 자체의 모습으로 여겨졌다.

 이튿날, 해남 선착장에서 보길도로 가기 위해 여객선을 타고 노화도로 향했다. 기대해온 대로 크고 작은 섬들이 눈길을 끌었는데. 여전히 양식장이 아예 섬과 섬 사이를 메우고 있는 듯했다. 배도 양식장을 피해 멀찌감치 돌아가는 느낌이었다. 서해는 흙으로 바다를 메운 간척지로 인해 지도가 바뀌어야 한다는 말이 있는데, 여기는 섬들을 울타리 삼아 양식장이 메웠으니 섬을 경계로 육지의 지도가 바뀌어야 할 것만 같았다.
 노화도에 내리자 '전국 최대 전복 산지'라고 한 글자씩 따로따로 쓴 대형 홍보물이 맞아주었다. 아, 전복 양식장이었구나! 싶어 새롭게 들뜨다가 산지라는 말이 멈칫하게 했다. 산지라면 농산물을 키워내는 땅으로 인식하고 있던 내게, 바다가 산지라니 심상치 않은 호기심이 일었다.
 보길도로 가던 중 '전복 판매 (전국 택배 가능) 체험장'이란 작은 간판이 눈에 띄어 그리로 길을 바꾸었다. 좁지만 잘 포장된 마을 길로 들어섰는데, 집들이 하나같이 깔끔한 양옥으로 어느 도심 외곽의 부촌에 들어선 것 같았다. 섬이라 당연히 옛 가옥이거나 조금은 허름하리라는 예상이 무색해지고, 그런 선입견에 미안한 마음마저 들었다. 그런데 깔끔한 양옥집 마당 한쪽에는 모두 농구공만 한 붉은색 검은색 하얀색의 플라스틱 공들이 쌓여 있었다. 오는 내내 보이던 부표가 아닌가 하는 짐작은 바닷가에 닿아서 확실해졌다.

체험은 단체로 신청해야만 가능하고 판매도 현재 상황으로는 안 되는 상태라 바닷가는 황량했다. 다만 조금 전 지나온 마을 마당에 쌓여 있던 부표만 바다 위에 끝없이 펼쳐져 있고 커다란 크레인으로 양식한 다시마를 배로 끌어 올리는 모습만 보였다. 전복을 키우려면 먹이인 다시마나 미역도 같이 키워야 한다고 들었는데 먹이를 채취하는 모양이었다. '아 바다에서도 농사를 짓는구나!' 하는 생각에 뒤이어 조금 전 지나온 부촌의 모습이 떠올라 비로소 산지라는 말에 강한 자부심이 느껴졌다.

보길도의 세연정에서 고적하고 아름다운 연못과 정원에 정신이 빠져있는 동안 다른 풍경은 잠시 다 잊었다. 윤선도가 제자를 길렀다는 낙서재와 기거했다는 곡수당까지 올라가는 동안은, 아담한 묘목부터 우람한 고목까지 황칠나무만 무성할 뿐 사람은 한 명도 눈에 띄지 않았다. 이 또한 섬에서만 오롯이 느낄 수 있는 고요하고 맑고 청아한 기운이라 기대했던 섬 여행을 만끽했다.

보길도에서 완도로 향하는 배에서 본격적인 바다 농사를 보게 되었다. 노화도를 갈 때는 배가 밭머리를 멀찌감치 돌아서 조금 아득하게도 보였는데, 완도로 들어가면서는 밭에 근접해서 들어가 완연하게 보였다. 겹겹이 그리고 줄줄이 늘어선 색색의 부표들이 마치 바다 위를 수놓은 듯 끝이 안 보이게 펼쳐졌다. 그 장관에 넋을 놓고 있자니, 차츰 사월 초파일에 일주문에서부터 절 안마당까지 줄줄이 매달아 놓은 색색의 연등을 보고 있는 것 같았다. 그리고 연등에 서린 간절함이 느껴지면서 울컥 울음이 치밀었다.

삼 년 전이다.

큰아들에게서 암이라며 병원에 입원한다는 연락이 왔다. 정신없이 병원에 가보니 막상 아들 내외는 담담해 보였다. 처음 병명을 알았을 때는 놀라고 겁이 나 둘이 붙들고 울기도 했으나 몇 군데 병원을 전전하며 진단과 상담을 받는 동안 마음을 다잡고 치료에 의지를 굳힌 모양이었다. 비인두암이라고 했다. 코와 목구멍 사이 깊은 곳에서 발병한 암은 림프샘으로 전이되어 목에 불룩한 혹이 나 있었다. 걱정밖에 할 게 없는 나는 치료 잘 받으면 된다는 아들의 위로를 받으며 돌아와야 했다.

두려움도 실체가 너무 크면 꿈을 꾸듯 멍해지는가.

살아있다는 의식도 못 할 만큼 멍하니 지내던 어느 날, 불현듯 보름 전쯤에 밭에서 일하던 남편이 어떤 사람이 주고 갔다며 떡 한 팩과 인쇄물을 들고 들어온 게 생각났다. 인쇄물은 교회 주보였다. 아마 교회가 새로 생긴 모양이었다. 그날은 이런 외딴곳에 무슨 교회? 하며 주보는 폐지 모아두는 상자에 버리고 떡만 맛있게 먹었다. 그런데 순간적으로 그날 일이 무언가 예시해준 느낌이 들어 부랴부랴

폐지 상자를 뒤져보았다. 그간 버린 것 같아 에멜무지로 뒤지면서도 조마조마했다. 다행히 주보는 있었다. 얼마나 반갑던지… 주보에 적혀 있는 주소로 찾아가 보니 걸어서 얼마 안 되는 낮은 언덕에 있었다. 교회는 일부러 찾아가지 않으면 알 수 없을 만큼 작았다. 마침 휴일 오후여서 예배는 끝나고 아무도 없었다. 무작정 들어갔다. 입구 맞은편 벽에 커다란 나무 십자가를 붙인 것 말고는 별다른 장식이 없는데, 추위에 떨다가 따뜻한 방에 들어선 것처럼 안온하게 감싸주는 것 같았다.

그날은 뭘 어째야 할지도 모르고 몰래 들어왔다는 죄책감에 그냥 나오고, 다음 주부터 매주 예배에 참석했다. 교인들은 낯선 내게 어떻게 왔냐고 점심을 먹고 가라고 말을 붙여왔지만, 나는 그냥 "나중에요…"라고 얼버무리고 교회를 빠져나오곤 했다. 나는 오직 전지전능하다는 하나님께 아들을 살려달라는 말밖에 할 말이 없었다.

아들은 입원과 퇴원을 반복하며 방사선과 항암 치료를 받았다. 코로나로 병원은 면회가 안 되었다. 항암 치료를 받던 중 잠시 휴식을 위해 집에 와 있다기에 보러 간 날이다. 다부졌던 몸은 볼이 움푹 들어갈 만큼 빠져 핼쑥해지고, 숱 많던 머리카락은 다 빠져 민머리가 되고, 목덜미는 군데군데 허옇게 허물이 벗겨진 아들의 모습에 난 가슴이 내려앉는 것 같았다. 그래도 잘 치료하고 있다고 안심시켜주는 아들을 생각해서 애써 태연해지려고 마음을 다잡았다. 며느리가 점심을 챙기는 동안 입속이 다 헐어 음식을 제대로 먹을 수 없는 아들이 참다못한 듯 내뱉었다.

"어머니, 저 이제 겨우 사십이에요."

말을 못 잇고 고개를 돌리는 아들의 목소리와 모습에는 극도로 절제된 울음이 머금어져 있었다. 나는 얼른 어금니를 악물어 아들에게서 전해지는 고통과 두려움을 삭이려 했다. 터지려는 울음을 참느라 뭐라 대꾸했는지는 기억나지 않는다. "예. 이겨내야죠. 꼭 그럴 거예요."라는 아들의 대답만 고맙고 고마워 기억한다.

집에 돌아온 나는 교회에 나가 하나님께 '제가 어떻게 하면 됩니까! 제가 무얼 하면 됩니까!' 눈물로 아들의 쾌유를 빌고 빌었다. 그리고 바로 신자로 등록하고 성경공부도 하고 세례도 받았다.

감사하게도 아들은 일 년의 투병 끝에 건강을 회복했다. 이 년이 지났지만 "어머니, 저 이제 겨우 사십이에요."라던 아들의 음성과 모습은 그날처럼 생생하다. 아마 평생 잊지 못할 것이다. 언제 어느 때고 무슨 일에든 아들의 그 모습만 떠오르면 수도꼭지를 튼 것처럼 울컥하며 눈물이 솟곤 한다.

완도로 들어가는 뱃전에 서서 끝이 보이지 않게 펼쳐진 전복밭의 연등을 바라보는 동안, 절 입구부터 안마당까지 줄지어 매달린 색색의 연등이 겹쳐 보이긴 했어도 그 연등에 서린 간절함의 유형은 다르게 보였다. 절 마당의 연등은 보이지 않는 꿈이나 염원이 담겨 있고, 전복밭의 연등은 눈으로 확인할 수 있는 꿈의 실체다. 절 마당 연등에 서린 간절함은 애틋하긴 하지만 간구에 그칠 수밖에 없다. 반면 전복밭 연등에 서린 간절함은 밤낮을 가리지 않고 매달려야 하는 투쟁이다. 단단한 땅에 발을 딛고 작물의 상태를 눈으로 보면서 짓는 육지 농사와 달리, 형태도 없는 물 위에 서서 보이지 않는 물속에다 농사를 짓는 바다 농사는 간구를 넘어선 전력투구 아니고는 안 될 것 같다.

그때 아들을 향한 내 마음만이야 할까마는, 전복밭 연등에도 하늘과 바다를 향해 '어떻게 하면 됩니까, 무얼 하면 됩니까' 하는 바다 농부의 간절함이 서려 있는 것 같다.

찬 바람이 세게 불어 날아가려는 모자를 누르고 머리를 머플러로 감싸면서도 나는 선실로 들어가지 못하고 "이겨내야죠. 꼭 그럴 거예요."라고 했던 아들의 말을 저 바다 작물들도 새겨주길 바라며 안 보일 때까지 서 있었다.

4부

그래도 아직은

계절이 측량하듯
나도 왕이다
기둥과 대들보
아직은
엄마의 우동
농부수업
기억의 증표
노천탕의 참전용사들
생각하는 의자
바라보는 그곳에 행복이
가을을 말리다

계절이 측량하듯

지난해 벽두 서울중앙지방법원으로부터 두툼한 특별송달을 받았다. 법원이라는 이름만으로도 가슴이 철렁했다. 불길한 느낌으로 봉투를 열어보니 소장이었다.

원고 7명과 피고 11명이 차례로 적혀 있었는데 열 번째 피고에 내 이름이 있었다. 내 이름 앞에 붙은 피고라는 수식어에 정말 죄인이라도 된 것처럼 가슴이 떨렸다. 게다가 원고와 피고가 많아 복잡한 데다 낯선 용어들로 처음엔 도통 무슨 말인지 이해할 수가 없었다. 사 년 전 양주에 사둔 대지에 대해 소유권 이전 말소 등기 절차를 이행하라는 데, 그 이유가 이해되지 않아 몇 번을 정독하고 나서야 알 수 있었다.

원고들은 모두 친인척들로 변호사가 대리를 맡고 있었다.

원고들의 주장은 제소된 대지가 1913년 자신들의 조상 소유였는데, 한국전쟁 때 지적부가 소실되자 김 모 여인이 공무원을 속여 보존등기를 내 소유했다는 게다. 김 여인이 자손 없이 사망한 뒤 세금이 밀리자 관할 관청이 대지 일부를 압류해 성업공사를 통해 경매를 했고, 경매로 매입한 사람에게 내가 샀으니 내놓으라는 것이다. 압류와 경매를 담당한 관청과 국가, 내게 땅을 판 전 주인, 우리 대지 외 김 여인 소유의 나머지 대지의 법정 상속인들이 피고였다.

내가 이 터를 마련한 건 우리 부부가 노후에 지낼 집을 짓기 위해서였다. 아이들 교육 문제도 있고 해서 칠팔 년쯤 후를 기약하고, 우선 폐가를 허물고 주말 농사를 짓고 있었다. 고작 이백 평의 땅이지만 힘들고 지친 일상에서 주말이면 이곳에 와 쑥쑥 자라는 농작물들을 바라보며 위안을 삼곤 했다. 특히 우리가 아주 들어올 때 맞아주길 기대하고 심은 묘목들이 성목으로 자라나는 것을 보면 그날의 기쁨이 상상되어 늙는 것조차 두렵지 않았다. 그간 종이 위에 지었다 허물은 집만도 여러 채였다.

나는 집을 짓기 전 측량을 하다가 문제가 생기지 않을까 늘 신경이 쓰였다. 우리 땅은 두 면이 길과 인접해 있고, 한 면은 밭과 또 다른 면은 옆집 마당과 인접해 있다. 주민 말로는 새마을 운동 때 좁은 길을 경운기라도 다닐 수 있게 넓혀 포장하다 보니 사유지가 들어갔다고 한다. 우리 땅은 ㄱ자로 두 면이 길과 인접해 있으니 그만큼 길로 많이 들어간 셈이다. 길 건너 집 축대를 보면 규정 도로 폭 보다 나온 것 같아 우리도 측량해보면 조금은 찾을 수 있지 않을까 하는 기대를 하고 있었다. 그리고 다른 면과 인접하고 있는 옆집하고 행여 마찰이 있을까 염려되어 갈 때마다 친해 두려고 애썼다. 마을 분들도 사놓고 한 번도 와보지 않던 먼저 주인과 달리 늘 와서 농사를 짓고 나무도 가꾸며 친해지려고 애쓰는 우리를 한동네 사람처럼 대해주었다.

그런데 송두리째 내놓으라니 측량해서 땅을 조금이라도 더 찾길 기대해 벌을 받은 것 같아 무서웠다. 원고의 청구원인을 보면 터무니없어 보였지만 상대가 변호사이고 보니 어련할까 싶었다. 답변서를 제출해 대응하지 않으면 그대로 판결이 난다니 두려워만 하고 있을 수는 없었다.

나는 놀란 정신을 수습하고 변호사사무실에 나가고 있는 사촌동생의 자문을 얻어 취득과정이 합법적이었다는 답변서를 법원에 제출했다. 그리고 그들이 법원에 낸 서류를 복사해 와 꼼꼼히 점검하고 재판에 대비했다.

첫 공판은 조정실에서 열렸다.

원고는 변호사 하나지만 피고들은 열 명이 넘어 조정실은 어수선했다. 위압적인 분위기에 우왕좌왕하다 판사에게 주의를 받기도 하고 퇴장당하는 사람도 있었다. 판사는 차례로 호명하며 할 말 있으면 하라고 했다. 하지만 너무 고압적인 분위기라 아무도 말하지 못했다. 마지막으로 판사가 내 이름을 호명했을 때 난 심호흡을 하고 조목조목 메모해 간 노트를 펼쳤다. 하지만 너무 긴장해 활자가 눈에 들어오지 않았다. 할 수 없이 밤잠을 설치며 연습한 대로 원고들의 주장이 부당함을 육성으로 열거하기 시작했다.

첫째, 1913년이면 일제 초기로 제대로 국가의 기틀이 잡히지 않았던 시절이다. 증거자료인 조선총독부임시토지조사국의 토지조사부란 것도 '세금계'라고 적힌 걸로 보아 정식 토지 문서라기보다 일제가 세금을 걷기 위해 만든 자료인 것 같다. 반면 김 여인이 보존등기를 낸 1979년의 대한민국은 세계적으로 공인받을 만큼 체재나 기틀이 확고하게 잡힌 상태다. 과연 어떤 서류가 더 공신력이 있겠는가.

둘째, 이 대지들은 점유취득 시효인 20년을 훨씬 넘었다. 시효란 잘잘못을 가려도 법적인 제재를 가할 수 없는 것을 의미하지 않는가.

셋째, 원고들은 6·25 때 지적부가 멸실된 걸 기회로 김 여인이 불법 취득했다고 했지만, 1913년부터 6·25까지는 얼마든지 명의변경이 있을 수 있을 만큼 긴 시간인데 그때까지 원고들의 조상 땅이었다는 증거가 어디 있는가. 오히려 지적부가 멸실된 걸 원고들이 악용하려는 것 아닌가.

넷째, 1913년에 등기되었다 사문화된 서류만으로 소유권을 돌려달라는 것은, 일본이 독도를 옛날 잠깐 자신의 조상이 발을 들여놓았다 하여 지금 자기네 땅이라고 우기는 것과 무엇이 다른가.

나는 너무 긴장한 나머지 숨도 제대로 쉬어지지 않았다. 멸실된 지적부의 환원 신청을 받은 대법원 기록을 원고의 청구취지에서 발췌해 제시하고, 대구 개구리 소년 살해사건을 예로 들어 시효의 중요성을 말할 때는 목소리가 떨리고 점점 고조되었다. 혼신을 다해 말하는 내가 딱해 보였던지 다른 사람들에겐 고압적이던 판사가 미소 띤 얼굴로 천천히 말해도 된다며 호흡을 조절해 주었다. 공판이 끝나 법정을 나서는데 다리가 휘청했다. 집에 돌아오면서도 지하철 갈아타는 곳에서 한참을 더 갔다가 돌아와 갈아탔다. 집에 들어서 자마자 나는 그대로 쓰러졌다.

사실 나는 이 사건에서 뒷짐을 지고 있어도 될 처지였다.

원소유자인 김 여인의 법정 상속인들이 적극적으로 김 여인의 취득 사실이 정당함을 밝히면 되었다. 하지만 피고들은 등기부에 올라있지도 않고 대부분 자신에게 그런 상속 땅이 있는 사실조차 모르고 있었다. 가장 측근인 조카 한 사람만 아는데 고령인 데다 장애가 있어 거동도 자유롭지 못했다. 같은 피고인인 내게 땅을 판 전 지주와 관청 대리인은 재판장에 나오기만 했지 방관자였다.

등기부상에 유일하게 올라있는 나만 애가 타는 상황이었다.

보다 못한 사촌 동생은 만일 패소한다고 해도 전 주인에게 손해배상을 받으면 된다고 위로해주었다. 하지만 내 귀엔 들어오지 않았다. 김을 매주고 돌을 골라내며 속살처럼 만져온 흙, 전지를 해주고 물을 주면서 밀어를 나눈 나무들, 머리부터 폐부 깊숙이 돌아 나와 내 몸을 맑게 해준 공기, 그렇게 주말마다 드나들며 쌓아온 정을 어떻게 보상받을 수 있단 말인가. 나는 땅이 어디 있는지도 모르는 피고들에게 그 땅에 대한 가치를 부풀려 설명하며 재판에 적극적으로 나서주길 부추겼다.

두 번째 공판부터는 한 달이나 달포 간격으로 열렸다.

어느 때는 판사 사정으로 연기되고 어느 때는 원고의 요청으로 연기되었다. 진전도 없이 시간만 흘러갔다. 연기신청까지 하며 보충한 원고의 자료는 김 여인의 매매 계약서가 사법서사 공동용지가 아니라거나 주소지 이름이 당시 행정명이 아니라는 둥 내 생각으로는 트집에 불과했다.

나는 다시 한번 법정에서 판사에게 질문했다.

몇 번씩 재판에 나와 들어봐도 원고는 매번 김 여인의 취득과정만 문제로 삼을 뿐이다. 자신들의 소유를 증명할 만한 증거는 일본 강점기의 사문화된 서류 하나다. 그런 만큼 만일 원고의 주장대로 김 여인의 취득과정에 문제가 있어 소유권을 말소해야 된다고 해도 정부의 소유면 소유였지 원고의 소유는 아니지 않느냐.

판사는 충분히 그렇게 생각할 수도 있다고 했다.

그렇다면 소유자인 정부가 공매를 한 것을 산 것이니까 나는 이 재판에서 제외되어야 하는 것 아니냐고 되물었다. 판사는 반드시 그런 것만은 아니라고 했다.

한 번도 이어본 적 없는 물동이를 이고 있는 것 같은 나날 속에 계절은 바뀌어갔다. 재판을 하면서도 우리는 주말마다 가서 농사를 지었다. 땅은 자기 신상에 무슨 일이 일어났는지 아랑곳없이 작물이고 풀이고 쑥쑥 키워냈다. 하지만 나는 등기부 등본에 '서울지방법원에 소 제기'라는 명시로 오물을 뒤집어쓰고 있는 것 같아 측은해 보였다.

재판은 추수가 끝나갈 무렵 끝났다. 점유취득시효가 지난 것만으로도 아무런 문제가 되지 않는다는 이유로 승소했다. 처음부터 재판거리도 안 되는 것을 변호사와 브로커의 탐욕으로 시작된 송사였다. 공연히 일 년을 노심초사한 생각을 하면 어이가 없었지만 그래도 끝나니 속이 후련했다. 승소는 했지만 너무도 황당한 일을 겪고 보니 집을 앞당겨 짓거나 미리 측량해서 말뚝이라도 박아두어야지 안 그랬다간 또 무슨 동티가 날 것 같았다.

올 삼월 농사에 앞서 밭에 가보았다.
나는 상처 입은 자식 어루만져주듯 가만가만 밟아보았다. 물먹은 스펀지처럼 폭신폭신한 땅은 새로운 생명의 탄생을 위해 만반의 준비를 하고 있었다. 이제 곧 새 생명의 싹을 틔우고 무럭무럭 자라게 하고 열매를 맺고 수확을 내줄 것이다. 지난 한 해 치열하게 땅싸움을 하더니 이제 집도 짓기 전에 금을 그어 말뚝이라도 박으려는 나를 이 땅은 어떻게 생각할까.
봄 여름 가을 겨울로 구분 짓는 계절처럼, 네 것 내 것에 앞서 삶의 순환을 위해 순리적으로 금을 그어야 한다고 가르쳐주고 싶진 않을까. 조금 머쓱해진 나는 변명처럼 속삭인다. 투기나 특정사업을 하려는 게 아니라 내 삶의 말년을 맡기기 위해 들어오려는 것이니 그 또한 삶의 순환이 아니겠냐고.

나도 왕이다

　모처럼 가족과 함께 창덕궁 나들이를 했다.
　분명 내 조상들 삶의 흔적들일진대 어찌 그리 동떨어진 별세계를 보는 것 같던지 시간 이동이라도 한 것 같았다. 인정전의 위엄과 고풍스러움은 절로 숙연해지게 하고, 숯만을 연료로 사용했다던 대조전의 고매한 자태에서는 도도함이 풍겼다.
　더욱 마음을 빼앗긴 건 궁의 은밀한 정원인 비원이었다.
　고목들로 이루어진 입구에 들어서면서부터 시원한 기온과 풋풋한 향기로 머리가 상쾌해지더니 부용지에 이르러는 무릉도원이구나 싶었다. 어수문을 단 주합루는 이제 막 하늘에서 내려온 듯 혹은 금방 올라가려는 듯 높다랗게 앉은 모습이 늠름하다. 연못가에 단아하게 앉은 부용정은 주합루의 누군가를 연모하는 여염집 규수처럼 자못 고혹적이다. 주합루는 옛 국립 도서관인 규장각으로 책을 읽고 학문을 연구하고 글을 쓰기에 이만한 곳은 다시 없을 성싶다. 정무에 시달린 왕이 머리를 식히기 위해 학자들과 고담준론을 나누거나 풍류를 즐기기에도 안성맞춤으로 보였다.

왕궁에는 다소 어울려 보이지 않는 무채색의 연경당은 왕이 사대부의 생활상을 알기 위해 아흔아홉 칸 양반 가옥과 똑같이 지은 건물이다. 왕에게 상민은 지배와 선정의 대상이요, 양반은 경계와 동반의 대상이니 철저한 대비가 필요했을 것이다.

발길 따라 변하던 생각이 불로문(不老門)을 벗어날 즈음에는 정사(政事)보다 정사(情事)가 더 제격이겠다는 생각마저 들었다. 은밀하고 호젓한 분위기에 애정행각을 연상하고는 속으로 실소를 터트렸다. 하기야 왕가의 情事는 국가의 대통을 잇는 막중대사이니 政事일 수도 있으려니.

내친김에 창경궁까지 들렀다. 일제에 의해 많은 건물이 소실되고 그나마 궁(宮)에서 원(園)으로 격하되어 동물원으로 되었다가 다시 복원된 궁이다. 잘 손질된 넓은 뜰과 숲 그리고 위엄이 깃든 전각들을 보면서 나는 거듭 엉뚱한 생각을 이어갔다.

조선 시대 한양의 넓이는 지금 서울의 절반도 안 됐을 텐데 경복궁 창덕궁 덕수궁 창경궁 경희궁 종묘 등 왕 일가의 집을 빼고 나면 얼마나 남는가. 그나마 수십 칸씩 되는 양반들 집까지 제외하고 나면 서민들 몫은 얼마나 될까.

문득 며칠 전 지하철 안에서의 일이 생각났다.

밤늦은 시간이라 지하철에는 자리는 고사하고 서 있기도 비좁을 만큼 승객이 많았다. 그래도 비집고 안쪽으로 들어가니 헐렁한 공간이 있었다. 이상하다 싶으면서도 반가움에 그리로 들어가 손잡이를 붙들고 서 있었다. 그러나 곧 왜 그곳만 헐렁한지 알게 되었다. 술에 취한 청년 하나가 몸을 비틀거리며 상스러운 말을 내뱉고 말끝마다 죽여버리겠다고 고함을 질러댔다. 나도 공연히 시비라도 붙을까 주춤주춤 공간을 넓혀 주었다. 청년은 정장 차림으로 술만 안 취했더라면 말쑥한 신사일 것 같은데 아무래도 술이 과했나 보았다. 청년은 계속 욕설을 퍼부으며 누군가 시비 걸어오길 기다리듯 펄쩍펄쩍 뛰어 천장을 향해 주먹질도 하고 창문을 치면서 비틀거렸다. 그럴수록 그의 자리는 넓어지고 다른 사람들은 몸이 서로 닿을 만큼 좁혔다. 나는 외면한 채 다른 생각을 해보려 했지만 청년의 난동에 좀처럼 신경을 돌릴 수 없었다.

누가 좀 나서서 청년을 제지해 주길 기대했으나 좀체 그럴 기미를 보이는 사람은 없었다. 할 수 없이 청년이 빨리 내리기만을 바랐다. 그것도 쉬 이루어질 것 같지 않자 이제 내가 내릴 역이 가까워졌다는 사실에 위안 삼으며 참아냈다.

그때 청년은 그 좁은 공간에서 혼자만 넓게 차지하고는 네 활개 치며 모두 다 죽여버리겠다고 으름장을 놓으면서 자기가 마치 왕이 된 것 같은 착각에 빠진 것은 아니었을까. 그러나 청년의 착각은 술 취한 동안과 지하철 안이라는 제한된 공간뿐이다. 그 시간과 공간을 벗어나면 다시 현실로 돌아갈 것이고 그 현실은 술의 힘을 빌려서라도 만용을 부려보고 싶을 만큼 고달플지도 모른다.

왕궁은 단순한 거주지를 넘어 국가 최고 권력의 상징물이다.

나라 안으로는 위엄이 서야 하고 나라 밖으로는 권위가 서야 한다. 당연히 일정 규모와 치장이 필요하다. 그러나 궁을 유지하는 힘은 백성으로부터 얻어야 하고, 얻은 힘은 백성을 위해 써야 한다. 왕이 백성을 무시하고 자신의 안위와 영달을 위해 정쟁에만 힘쓴다면, 취객의 난동을 피해 움츠린 채 취객이 빨리 내리거나 자신이 내릴 정거장만 기다리는 지하철의 승객처럼 백성들의 삶은 신산해질 것이다. 그런 백성은 궁을 지켜 줄 힘이 없거나 극단적으로 돼갈 수밖에 없다. 백성이 지켜주지 못하는 왕궁은 힘을 잃게 된다. 왕궁이 힘을 잃으면 나라도 힘을 잃는다. 힘을 잃은 나라는 당연히 외세의 침략을 받게 마련이다. 둘러본 궁들도 그런 전철을 밟아 결국 추상같던 권위는 사라지고 시대적 유적으로만 남아 뭇발길을 맞고 있는 게 아닌가.

왕이란 한 집단을 다스리는 최고의 힘을 가진 사람이다.
집단의 규모가 크든 작든 왕의 통치능력에 의해 집단의 흥망성쇠가 달렸다. 규모에 상관없이 다스린다는 점에서 보면 사람이라는 한 개체도 집단이다. 이 집단은 육신이라는 영토에, 생각과 욕망이라는 수많은 백성이 있다. 그래서 개인마다 왕이 되는 셈이다. 왕에 따라 나라의 규모가 클 수도 있고 작을 수도 있다.
특히 백성인 생각과 욕망의 인구밀도 차이는 어마어마하다. 영토는 호시탐탐 침범을 노리는 갖가지 병마와 대치하고 있고, 폭동이나 시위도 불사할 기세로 불평불만을 토로하는 백성들은 늘 긴장 상태다. 아무리 경계를 잘 대비해도 병마가 침범했을 때는 갖은 의술을 동원해서라도 영토를 지켜내야 한다. 세상에 대한 투정과 실의에 찬 백성들은 잘 달래서 꿈을 잃지 않게 해주어야 한다. 세상에서 가장 작지만 가장 까다로운 나라다. 이 나라의 왕은 재임 기간도 없고 양위도 할 수 없는 종신직이다. 한시도 마음 놓을 수 없을 만큼 힘은 들지만 잘 다스리기만 하면 어떤 큰 나라보다 보람도 있다. 특히 나라를 사랑하는 마음은 어느 나라 왕보다 크고 강하다.

각 개개인이 그렇듯 나도 모습은 작지만 속내는 알 수 없을 만큼 복잡한 나라의 왕이다. 변변찮은 통치력이나마 십여 년의 수렴청정을 거쳐 반세기 넘게 다스려 왔다. 그간 크고 작은 병마가 영토를 침범하여 몇 차례 위기를 맞은 적도 있지만, 굳은 저항과 의술의 도움으로 물리치고 지금은 비교적 탄탄한 편이다. 사는 형편도 애를 먹긴 했지만 끈질긴 백성들과 협력하여 그런대로 안정기를 맞고 있다. 하지만 그런 자평은 어떤 한계에 부딪힌 자성인지도 모른다. 영토는 나도 모르게 엄습해 오는 세월의 복병에 맞서 각종 보조 의학으로 번을 세워야만 하고, 부실한 자존감에 애면글면하는 백성들은 사소한 성공도 소중하게 여길 줄 아는 훈련을 시켜야만 한다.

그렇게 노력한 덕에 예상했던 재위 기간이 늘어나긴 했어도 이제부터는 강한 통치력만이 능사가 아님을 느낀다. 타협과 포용 무엇보다 관조할 줄 아는 왕이 되어야 할 때가 온 것 같다. 격정의 시기를 잘 넘긴 만큼 그 어느 시기보다 평온한 나라가 되길 바란다. 잘해 보자고. 잘할 수 있다고 다지며 궁을 거닐어 본다.

나의 궁은 궐(闕)이 아니라 심(心)이다.

기둥과 대들보

　뉴스를 보려고 텔레비전을 켰다. 본방송에 앞서 화려한 광고가 눈길을 끈다. 각종 약품과 건강식품이 건강한 모델의 소개로 이어진다. 마치 아픈 사람은 다 낫게 해주고 건강한 사람은 불로장생이라도 하게 해줄 것 같다. 옷이며 먹을거리 광고는 호의호식을, 아파트 자동차 광고는 안락하고 호화로운 생활을 보장해 줄 것 같고, 컴퓨터 통신기기 전자제품 광고는 아예 별세계를 펼쳐놓는다. 어떤 광고는 경쾌한 음악과 빠른 화면처리 익살맞은 배우의 표정과 몸짓으로 무얼 광고하는 것인지도 모르겠다. 그러면서도 멀거니 빨려든다.
　화면이 바뀌어 점잖은 앵커들이 나오고 뉴스가 시작된다. 국민을 대표한다는 국회의원들은 서로 헐뜯다 못해 멱살잡이까지 하고, 머리에 띠를 두른 시위대는 하루도 빠짐없고, 언제나 물가는 오르고, 각종 사건 사고에, 다른 나라들까지 끼어들어 이러쿵저러쿵 말들이 많다. 바로 전에 본 광고에 비하면, 화려한 미래세계에서 암담한 현실로 돌아온 것 같다.

광고를 액면 그대로 믿는 사람은 없을 것이다. 그렇지만 상품을 살 때는 비싸더라도 광고를 많이 한 상품을 사게 된다. 꼭 믿어서라기보다 알게 모르게 익숙해져 마음이 끌리는 것이다. 그래서 TV를 보거나 라디오를 들을 때는 지나친 광고로 짜증도 나지만, 광고를 아주 없앨 수는 없다. 만일 광고가 전혀 없다면 상품을 선택하는데 막막할뿐더러 새로운 상품은 몰라서도 유통 자체가 어려워진다. 뉴스도 보고 있으면 속상하고 재미도 없지만, 현재 우리가 처해 있는 상황을 제대로 파악하고 그 안에서 삶을 모색해야만 하기에 빼놓을 수도 없고 안 볼 수도 없다.

광고는 말 그대로 상업 수단이지만 정보제공이라는 면에서 또 다른 뉴스라고 할 수 있다. 반면 뉴스는 경직되고 따분해 보이지만 현실을 통해 미래를 계획하게 해주는 광고가 되는 셈이다.

어찌 보면 몰라서도 속고 알면서도 속아주는 광고는 꿈과 같고, 믿고 싶지 않지만 믿어야 하는 뉴스는 현실과 같은 게 아닐까. 그래서 광고는 사람들이 무엇을 바라는지에 대해 초점을 맞추고, 뉴스는 무엇을 알고 싶어 하는지에 초점을 맞춘다. 바라는 것과 알고자 하는 것은 별개의 사안도 있겠지만, 바라는 것이 얼마나 실현되고 있는지를 알고 싶은 속마음을 생각하면 일맥상통한다. 선전으로만 끝날 것 같은 약 광고는 평균수명이 전보다 훨씬 더 늘었다는 뉴스와 이어지고, 별세계만 같던 반도체 통신기기 전자제품 광고는 현실의 모습으로 뉴스에 비치고 있지 않은가. 또한 뉴스에서 날씨가 더워질 거라고 하면 빙과류 광고가 늘고, 추워질 거라고 하면 난방

제품의 광고가 눈길을 끈다.

　광고는 뉴스를 곁눈질해가며 늘 앞서가고, 뉴스는 광고를 무시하는 듯하지만, 슬금슬금 그 뒤를 따라가고 있는 것 같다. 그렇게 광고와 뉴스가 겉으로는 엄연한 차이가 있지만 속으로는 끈끈이 맺어 있듯이, 우리의 꿈과 현실도 거리가 멀어 보이지만 삶을 지탱해 주는 속사정은 같다고 해도 과언이 아닐까. 그래서 꿈과 현실은 별개의 것이 아니라 동전의 앞면과 뒷면처럼 한 몸이 아닐까 싶다. 한 건물을 지탱해 주는 기둥과 대들보처럼 삶의 기둥이요 대들보인 셈이다. 꿈은 삶의 이유가 돼 주고 현실은 자신을 직시해 준다. 현실을 무시한 꿈은 지나친 광고처럼 공허해지기 쉽고, 꿈이 배제된 현실은 우울한 뉴스처럼 삶의 의욕을 잃게 한다.

　뉴스가 끝나고 다시 광고가 시작된다. 무겁던 마음이 다소 가벼워지는 것 같다. 하지만 웬만한 뉴스엔 놀라지도 않고 웬만한 광고로는 마음이 움직이지 않는다. 그 만큼 감정이 무디어진 모양이다. 꿈과 현실이 구분도 안 될 만큼 타성에 젖에 그날이 그날인 것에 안주하고 사는 건 아닌지 모르겠다.

　꿈에 눌려 현실이 보잘것없게 느껴져서도 힘들고, 현실에 눌려 꿈이 사라져도 고달프다. 그렇다고 꿈과 현실 모두에게 무감각해지면 그건 삶에 대한 예의가 아니다. 가능한 한 현실에 담을 수 있는 꿈을 키우고, 꿈을 품을 수 있는 현실을 가꾸어나간다면 보람 있는 삶이 될 것이다. 허황되게만 느껴지던 광고도 때때로 뉴스의 한 대목으로 변할 수 있듯이, 꿈도 좇다 보면 현실로 나타날 수 있을 테니까.

문득 지나온 내 꿈을 되돌아본다.

미래라는 크나큰 도화지 위에 꿈을 그리기 시작한 것은 단발머리 소녀 때부터다. 그때는 맑고 푸른 하늘에 크고 폭신한 뭉게구름을 그렸다. 세월이 흐르면서 뭉게구름은 높은 산이 되었다가, 다시 울창한 숲이 되고, 청아한 물소리를 내는 아담한 계곡이 되더니, 이내 새들이 찾아와 아침을 깨우고 마당에 빨간 고추가 널린 농가 한 채가 되었다. 얼핏 현실이 감당할 수 없는 꿈을 그려 갈등이 많았을 것으로 보인다. 하지만 그 꿈을 이루려 노력한 덕에 현실도 어느 정도 따라준 편이다. 푸른 하늘에 커다란 뭉게구름을 그릴 수 있었기에 높은 산을 그릴 수 있었고, 높은 산을 그릴 수 있었기에 울창한 숲과 청아한 계곡도 그릴 수 있었다. 마지막 농가 한 채는 앞의 모든 꿈을 아우를 수 있는 소박한 여유를 의미하는 것이고 보면, 내 삶의 기둥과 대들보의 맥락은 그런대로 잘 이어져 온 것 같다.

이제 도화지의 여백은 그리 많지 않다. 이 여백에는 기둥과 대들보를 구분하지 않아도 될 듯하다. 타성에 젖어 안주하는 것이 아니라, 앞의 꿈들이 무색하지 않게 갈무리를 해야 할 때가 된 것 같다. 치열했던 한낮의 열기를 감싸 안고 차분히 삼라만상을 붉게 물들이는 노을처럼, 앞에 그렸던 꿈들을 감싸 안고 곱게 채색만 하면 되리라. 굳이 노을처럼 붉을 필요는 없다, 누가 보든 푸근하게 느낄 수 있는 나만의 안온한 황혼색을 채색하면 되리라.

아직은

모임이 있어 매무새를 다듬고 집을 나섰다.

전철을 탔는데 으레 그렇듯 자리는 없었다. 선 채로나마 편한 자리를 잡다 보니 고등학생으로 보이는 남학생 앞에 서서 가게 되었다. 스마트폰을 보던 학생은 연신 나와 스마트폰을 번갈아 힐끗거렸다. 앉은 자세도 등받이에서 떨어져 엉거주춤하게 걸터앉았다. 나는 스마트폰 내용이 내 모습과 관련 있나, 내 모습이 이상한가 도대체 왜 그러나 신경이 쓰였다. 거울이라도 꺼내 보아야 하나 망설이고 있는데 학생이 견디다 못한 듯 일어나 '여기 앉으세요' 한다. 그제야 내게 자리를 양보할까 말까를 고민했다는 걸 깨닫고 괜찮다며 다시 앉히려 했다. 학생은 다음에서 내린다며 도망치듯 출입문 쪽으로 갔다.

나는 지레짐작으로 오지랖 떤 게 민망해 웃으며 자리에 앉았다.

그러나 두 정거장을 지나 불어난 승객에 가려 보이지 않을 때까지 학생은 내리지 않았다. 역시 학생은 내 나이가 자리를 양보해야 하나 안 해도 되나 가늠해 보느라 힐끗거렸던 것이다. 나로 인해 앉아서 가는 것보다 서서 가는 게 마음이 편했던 모양이다. 나는 아직 자리를 양보받을 나이도 아니고 그런 적이 없어 머쓱했다. 사는 지역이 전방에 가깝다 보니 군인들이 많아 몇 번 양보 받은 적은 있다. 그때도 나이 때문이 아니라 군인정신에 의한 대민봉사 차원이라고 생각했다. 그런데 학생을 그토록 불편하게 한 걸 생각하니 앉아 가는 몸은 편하지만 내가 그렇게 나이 들어 보이나 싶어 마음은 씁쓸했다.

한 달 후 일이다.

장거리 여행을 하고 귀가하는 길에 전철을 탔다. 지친 상태에 짐도 있어 자리가 아주 간절했다. 하지만 자리는커녕 서 있기도 비좁았다. 혹시 누군가 내릴 기미가 있나 싶어 자리에 앉아 있는 사람을 주의 깊게 훑어보았다. 저만치에 군인 두 사람이 앉아 있는 게 눈에 띄었다. '그래 군인정신!' 나는 반가운 마음에 사람들 사이를 비집고 군인들 앞까지 갔다. 지치고 후줄근한 내 모습을 보면 나이 들어 보일 테니 양보해주리라 확신했다.

스마트폰만 들여다보고 있는 군인들에게 나를 인지시키기 위해 발을 움직여 건드려도 보고, 전철이 정차할 때 실수인 척 들고 있는 보따리로 무릎을 툭 쳐 보기도 했다. 군인이 고개를 들어 나를 쳐다보기에 양보해달라는 이중적 의미로 '미안하다'고 사과했다. 내 의도가 무색하게 군인은 괜찮다는 듯 그냥 스마트폰만 들여다보았다. 결국 한 시간 넘게 꼬박 서서 가야 했다. 주저앉고 싶을 만큼 몸은 피곤했지만, 군인정신으로 보아도 내가 끄떡없어 보이는 것 같아 마음은 다행이다 싶기도 했다.

학생과 군인의 눈을 통해 본 나는 삶의 어느 경계에 와 있는 것 같다. 넓게는 삶의 영역과 죽음의 영역의 경계일 수도 있고, 좁게는 장년과 노년의 경계일 수도 있다. 삶과 죽음을 이분법적 사고로 본다면 평균수명의 절반 정도인 45세 어름이 두 영역의 경계가 된다. 하지만 삶은 단순히 산술적인 계산보다는 삶의 적응력과 효율성에 따라 경계는 죽음 쪽으로 밀려나 삶의 영역이 훨씬 넓다. 생태적으로는 유년 청년 중년 장년 노년으로 나누는 게 보통이다. 이 경계는 대략 나이로 구분하지만 넓이는 사람에 따라 유동적이다.

전철에서 학생의 앉은 자리를 가시방석으로 만든 걸 보면 나는 삶의 경계를 넘어선 것 같다. 하지만 군인정신으로도 탄탄해 보이니 아직 죽음의 영역에 들어선 것 같지는 않다. 또한 사회적 통념이나 산술적 나이를 생각해 보면 노년층에 들어섰다고 볼 수도 있지만, 실제 신체적 건강상태나 사회 적응도 그리고 실생활에 효용성을 보면 아직은 장년이다.

어쨌거나 경계지점에 이른 건 분명해 보인다.

다행히 경계는 선이 아니라 면이다. 이 면은 '아직은'이라는 수식어를 쓸 수 있는 시점이다. 아직은 경제적으로 독립할 수 있고, 아직은 어떤 기관이나 사람의 도움 없이도 건강을 유지할 수 있고, 아직은 어떤 모임에서도 존재를 드러낼 수 있고 그런대로 소신도 받아들여진다. 다만 제도권에서 어쩔 수 없이 밀려날 수도 있고, 때론 스스로 자리를 물러나거나 양보해야 할 때도 있다. 감정을 절제할 줄 알아야 하고, 지나온 시간에 대한 반추와 현실을 관조할 줄 알아야 하는 시점이기도 하다. 전반적으로 현역은 못 돼도 아직 예비군은 되는 것이다.

요즘은 평균수명이 길어져 이 경계면의 넓이는 한결 넓어졌다. 그만큼 장년과 노년에 걸쳐 있다. 활발한 장년의 삶을 살 수도 있고 소심한 노년의 삶을 살 수도 있다.
혹독한 생계의 짐에서 벗어나, 묻혀있거나 포기했던 자아를 찾게도 되고. 또 다른 짐을 맡는 경우도 있다. 이때의 짐은 이전처럼 불가피한 희생이 아니라 스스로 택한 책무이거나 소일거리다. 이전의 일은 생계를 위한 노동이었다면 이때부터의 일은 자아실현을 위한 활동이다. 무얼 배우든 무슨 일을 하든 예전처럼 치열하지 않다. 서툴러도 상관없고 느려도 상관없다. 그저 건재하다는 걸 인식할 수 있으면 좋고 남에게 인정 받으면 더욱 좋을 뿐이다. 그러다 뜻하지 않은 영예를 얻으면 더 바랄 게 없다. 격랑의 세월을 잘 지내온 스스로에게 주는 상이요, 스스로 존재할 수 있는 삶의 알찬 휘날레일 수도 있다. 어쩌면 자신의 진면목을 가장 잘 드러낼 수 있는 기간이기도 하다. 그래서 이 시기를 제2의 인생이니 인생의 이모작이니 하는 것일 게다. 인생을 가장 보람 있게 보낼 수 있는 기간이기도 하고, 바로 경계 너머가 인생의 막바지라는 걸 생각하면 애틋하고 소중한 기간이기도 하다.

'아직은'에 해당하는 이 경계면이 지나면 더 이상 물러날 데 없는 노년의 끝자락에 이른다.

그때는 병원과 약에 의존하는 일이 많고, 기관이든 사람이든 도움을 받아야 생활이 되고, 운신에 힘이 부치고 매사 의욕이 없어진다. 자존의 의미는 퇴색되고, 삶으로부터 소외를 받아들여야 한다. 엄밀히 산다기보다 그저 생존하고 있는 것이다. 삶으로서의 다음 경계는 더 이상 없다. 이 기간 또한 사람에 따라 넓을 수도 있고 좁을 수도 있다. 아마도 누구나 좁길 바랄 것이다. 그러나 뜻대로 되지 않는다. 그래서 복 중에 죽는 복을 제일로 친다는 말이 있는지도 모른다.

만성에 젖어 해이해져 가는 내게 전철 안의 학생과 군인은 어떤 경종을 울려주는 것 같다. 그들이 말해주듯 나는 '아직은'의 경계면에 있다. 친정 시댁 부모님 모두 돌아가시고 애들도 다 자라 제 앞가림은 하고 있으니 얼추 내 본분은 다 마친 셈이다. 잘했든 못 했든 본분을 다했으니 이제 마음 편히 고지식한 세월에 얹혀 유유자적하게 보내는 것도 좋으리라. 예전 같으면 당연한 수순이고 그만하면 안락한 삶이라고 할 수도 있다. 그러나 이제 그렇게 보내기에는 여생이 길어지고 사회 여건도 인식도 많이 달라졌다. 자신을 위해 다시 한번 현역이 될 기회가 주어진 것일지도 모른다. 이제까지와는 또 다른 열정과 힘을 내볼 때가 아닌가.

엄마의 우동

오랜만에 장거리 여행에 나섰다.

고속도로를 지나다 휴게소에 들러 여느 때와 마찬가지로 우동을 주문했다. 동행한 남편은 참 한결같다고 웃는다. 내가 처음 우동을 먹은 건 사십 년 전 첫아이를 가졌을 때다.

나는 결혼 후 수년 동안 아이를 못 가졌다.

병원 검사 결과 선천적으로 나팔관이 막혀 아이를 가질 수 없다는 진단을 받았다. 하지만 그대로 포기할 수 없었다. 행여 내가 소박이라도 당할까 노심초사하는 엄마와 함께 한의원이며 민간처방이며 가리지 않고 매달렸다. 지성이면 감천이라고 천신만고 끝에 아이를 가졌다. 당연히 그간의 모든 시름을 내려놓게 되었다. 그런데 입덧이 심해도 너무 심했다. 음식을 못 먹는 정도가 아니라 무슨 냄새라도 맡으면 토했다. 가뜩이나 불임을 치료하느라 독한 약으로 약해질 대로 약해진 몸이 견뎌내질 못했다. 나는 친정엄마에게 도움을 청했다. 당시 연로한 할머니와 아버지하고만 살던 엄마는 며칠씩 집을 비울 수 없는 처지였다. 그래도 딸이 아무것도 못 먹고 빈속에 똥

물까지 토한다니 부랴부랴 오셨다. 오던 꼴로 이것저것 음식을 해 주셨지만 아무 소용 없었다.

퇴근길에 남편이 소고기 떡갈비를 사 왔다.

고기를 싼 은박지를 푸는 순간 나는 바로 구토를 해댔다. 같이 한 입을 베어 물던 엄마는 한숨을 쉬며 어이없어했다.

"이 귀한 음식을 쯧쯧… 나는 네 오빠 가졌을 때 먹을 건 없고, 절구에 보리를 찧는데 기운이 없어 앞도 잘 안 보이더라. 그런데 저만치 밭에 새파랗게 올라온 무청이 눈에 띄더라. 무라도 먹으면 나을까 해서 절구질하다 말고 가서 무를 뽑아 흙을 털어내고 엄지손톱으로 껍질을 훌훌 벗겨 먹었더니 눈앞이 밝아지더라."

엄마의 말을 연상하며 듣던 순간 입에 침이 고였다.

"엄마 나도 무!"

나는 엉겁결에 소리쳤다.

놀라 멍하니 나를 바라보던 엄마는 득달같이 시장에 가서 동치미 무 한 다발을 사 왔다. 마침 가을철이어서 무는 싱싱하고 물이 많았다. 연둣빛이 도는 무의 윗부분을 잘라 거뜬히 먹었다. 그런 나를 엄마는 안도의 눈빛으로 바라보았다. 이튿날 남편이 사과와 배를 사 왔다. 무를 먹었으니 과일은 얼마나 잘 먹을까 싶었던 게다. 그러나 배도 사과도 싱겁고 메슥거려 먹을 수가 없었다. 잠시 안도했던 엄마는 어처구니없어 한숨만 쉬었다.

다음날 엄마는 있어봤자 아무 도움도 안 되고, 할머니와 아버지도 걱정된다며 가야겠다고 하셨다. 나도 붙잡을 염치가 없었다. 당시 동두천 우리 집에서 친정인 안양까지 기차를 타고 가려면 도중에 점심때를 지날 시간이라 아예 이른 점심을 드시고 가라며 뭐 드시고 싶냐고 물었다.

"역에서 오다 보니 우동집이 있던데 맛있게 보이긴 하더라만…"

엄마는 먹고 싶긴 하지만 뭔가 찜찜한 듯 말을 흐렸다. 그런데 잔치국수도 아니고 우동이라니! 나는 깜짝 놀랐다.

아버지는 국수를 무척 좋아하셨다.

사흘만 안 드려도 찾을 정도였다. 형편이 넉넉지 못하니 늘 간단한 비빔국수나 김치국물에 국수를 넣어 끓이는 털내기국수만 했다. 고작 잘 한대야 잔치국수였다. 우동은 본 적도 없다, 그런데 엄마가 익히 잘 알고 있는 음식처럼 우동이 맛있게 보인다는 게 아닌가.

"엄마가 우동을 어떻게 알아?"

"으응. 일본 집에서 남의집살이할 때 몇 번 얻어 먹어봤는데 맛있더라."

아무렇지도 않게 말하는 엄마의 말에 순간 가슴이 울컥했다.

일제 강점기 시절 아버지는 해방을 몇 달 앞두고 일본징용에 끌려가셨다. 그때 엄마는 갓 돌 지난 아들을 시부모님께 맡기고 생계를 돕기 위해 일본인 집에 가정부로 들어갔다고 했다. 언젠가 듣긴 했으나 어릴 때라 그냥 스쳐 들었다. 그런데 아이를 가져서 그런지 그날은 엄마가 무심히 꺼낸 남의집살이란 말에 가슴이 먹먹해졌다.

"그렇게 맛있었는데 왜 집에서는 한 번도 안 했어?"

"그게 어렵더라. 우동 만들 때는 나를 안 시키고 자기네들이 직접 만들었어. 국물 우려내는 데 재료도 많이 들어가고 시간도 오래 걸려. 우리 집에서는 할 엄두를 못 냈지"

엄마는 잊었던 먼일을 떠올리듯 말했다.

어쩐지 그때 먹어보았다는 우동은 엄마에게 남다른 의미가 있어 보였다. 흔히 예전에 맛있게 먹었던 음식을 추억의 음식이라고 하는데, 엄마에게도 그때의 우동을 추억의 음식이라 할 수 있는가? 추억의 음식이라면 단순히 음식만 얘기하는 게 아니라, 그 음식 먹을 때의 형편이나 시절을 얘기하는 것으로 다분히 그리움이 담긴 말이다. 그런데 엄마에게 그때 우동은 그리움과는 아주 거리가 멀다. 일본에게 나라 잃고 남편은 일본으로 징용 가고 본인은 돌쟁이 아들을 남겨두고 일본인 집에서 가정부로 일하던 때를 그리워할 리 없지 않은가. 다만 고달프고 서러운 처지에 색다른 음식이 입맛에 맞아 잠시 위로를 받기는 했을 것이다. 곤경에 처한 사람을 위로할 때 흔히 다 옛말하고 살 때가 올 거라고 위로해주는데, 엄마에게 우동은 추억이 아니라 그 옛말이 아닐까. 옛말이 되려면 현재의 삶이 그때보다 월등히 풍족하고 안락해야만 할 것이다. 정말 그럴까.

엄마의 지난날을 떠올려 보았다. 얼핏 두 모습이 떠올랐다.

부모님은 오일장이 서는 장날이면 마당에다 간이 식당을 만들어 음식을 팔았다. 오빠가 서울로 진학해 두 집 살림을 하게 되면서부터는 장꾼들 상대로 숙식을 할 수 있는 무허가 하숙집을 했다. 단속에 걸리면 아버지는 며칠씩 구류를 살고 나와야 했다. 엄마가 아버지 내복 싼 보퉁이를 안고 '그곳은 추울 텐데 마룻바닥이라 추울 텐데…' 하며 울상으로 서성이던 모습이 떠오른다.

빚에 몰려 결국 수십 년 살던 집을 채권자에게 내주던 날도 떠오른다. 그때 다행히 오빠가 대학을 갓 졸업하고 울산에서 회사 사택에 살고 있어 그리로 내려가신다고 했다. 나는 고등학교에 다니느라 할머니와 서울집에서 살고 있었다. 아버지의 고향이기도 하고 내 고향이기도 한 파주를 영영 떠나야 한다는 소식에 내려갔다. 부모님은 암울한 표정으로 짐을 정리하고 계셨다. 짐이 다 정리되자 엄마는 참았던 눈물이 터진 듯 친하게 지내던 옆집 아주머니를 부둥켜안고 흐느꼈다. 엄마는 훌쩍이는 내 등을 쓸어주며 방학하면 내려오라고 신신당부하고 트럭 조수석에 올라탔다. 배웅하는 나와 집을 훑어보는 엄마의 눈에는 연신 눈물이 흘렀다.

일흔을 바라보는 엄마는 엘리베이터도 없는 열세 평 아파트 오층에서 연로한 할머니와 아버지의 수발을 드느라 마음 놓고 외출 한번 못하고 산다. 이런 엄마에게 우동을 옛말이라고 할 수 있을까. 옛말이 아니라 아직도 위로의 음식인 것만 같아 울컥해졌다.

"맛있어 보이면 먹으러 가면 되지 뭐"

나는 딸이 못 먹을 걸 생각하고 망설이는 엄마를 재촉해 집을 나섰다. 우동집은 역 근처 골목 입구에 있었다. 그간에도 내 걱정에 잘 못 드셨는데, 내가 구역질을 하면 엄마가 또 못 드실 것 같아 선뜻 식당으로 들어설 수가 없었다. 식당 앞에서 망설이는데 이상하게 메슥거리던 속이 가라앉기 시작했다. 처음에는 엄마의 우동 얘기로 울컥했던 마음이 가라앉는 것으로 생각했다. 그런데 우동 냄새가 진하게 나면서 점점 더 속이 편해졌다. 얼른 들어가 자리를 잡고 주문했다. 쑥갓과 어묵이 올려진 우동이 나오자 군침마저 돌았다. 처음 먹어본 우동은 맛도 있고 속도 편해 국물까지 다 먹었다. 정말 신기하게 속이 아주 개운했다. 거의 세 달 만에 음식다운 음식을 먹은 것이다. 기분 좋은 포만감에 몸도 가뜬하게 느껴졌다.

"이제 됐다. 괜히 왔나 했더니 그래도 헛걸음은 안 한 것 같다"

그릇 바닥까지 비워내고 고개를 드니 엄마가 환하게 웃으며 바라보고 있었다. 엄마의 그릇을 보니 반이나 남아 있었다.

"엄마 왜 안 먹어?"

내가 민망해서 채근하자 그제야 엄마는 흡족하게 드셨다.

나는 문득 예전에 일본인 집에서 맛있게 먹었다는 엄마의 모습이 저랬을까 연상해 보았다. 딸에 대한 근심을 내려놓은 지금처럼, 그때 비록 잠시지만 그 모진 시름을 잊었을까. 그래서 그 맛을 지금까지 기억하고 있는 것일까. 우리 집에 오셔서 비로소 처음으로 맛있게 드시는 엄마를 보니 나도 마음이 편해졌다. 집을 나설 때만 해도 무거워 보이던 엄마의 발걸음은 우동집을 나와 역을 향하면서는 나는 듯 가벼워 보였다.

그날 이후 내 입덧은 사라지고 수십 년이 지난 지금까지 우동을 좋아하게 되었다. 특히 가다랭이 국물에 어묵과 튀김이 들어간 일본식 우동을 좋아한다. 일제의 만행을 생각하면 꺼림칙해야 할 테지만 음식이야 무슨 죄가 있겠나. 갓 돌 지난 아들을 집에 두고 일본인 집에 가정부로 들어가 살며 맛보았다는 엄마의 우동이다. 엄마에게는 슬픈 역사의 설움을 달래주던 위로의 음식이었고, 내게는 모진 입덧의 굴레를 벗어나게 해준 모정의 음식이다

농부수업

오래전부터 언젠가는 농촌에서 살겠다는 생각을 해왔다.

그건 흔히 말하는 낭만적인 전원생활만을 의미라는 게 아니라, 먼 바다로 나갔던 연어가 태어난 강으로 돌아와 산란을 마치고 생을 마치듯 농촌 태생으로서의 회귀본능적인 것이다.

몇 년 전 작게나마 그 꿈을 이룰 수 있게 되었다.

경기도 양주에 집터를 마련한 것이다. 고향은 경기도 파주지만 멀기도 하고 도심 까이는 땅값이 너무 비싸, 값도 수월하고 드나들기 가까운 양주에다 마련했다. 연로하신 어른들이 수의나 유택을 마련해 놓으면 마음이 편안해진다더니 그것만으로도 마음이 흐뭇했다.

우선 폐가를 허물고 농사짓기로 했다.

몇 년 후, 아주 거처를 옮길 때, 성목이 되어 맞아주길 바라며 묘목도 몇 그루 심었다.

어릴 때 기억을 떠올려 씨감자를 조각내 심으러 간 날이었다. 미리 사귀어두는 것이 좋을 듯하여 이웃한 아저씨네를 찾아가 많이 가르쳐 달라고 인사를 드렸다. 아저씨는 우리가 만들어 놓은 밭에 고랑도 내지 않고 일정한 간격으로만 구덩이를 내더니 감자를 한 조각씩 던져 넣고는 덮으라고 했다. 이후 우리는 매주 가서 돌도 골라내고 순식간에 퍼지는 풀도 뽑았다. 4주째 갔을 때 감자잎은 손가락 길이만큼 나와 있었다. 얼마나 예쁘고 신기한지 연신 감탄사가 터졌다.

다음 주에 갔을 때 잎은 조금 더 커졌으나 무당벌레가 기어 다니고 있었다. 무당벌레는 익충이라고 알고 있던 터라 조금 께름하긴 했지만 그냥 지나쳤다. 그러나 다음 주에 가보니 벌레는 더욱 많아졌고 잎은 앙상한 줄기만 남았다. 아저씨에게 왜 이러냐고 물었지만 시큰둥하게 대꾸했다. 다음 주에 갔을 때는 앙상한 줄기마저 다 말라버렸다. 어이가 없어 말없이 들여다만 보고 있는데 아저씨가 다가와 '그래 당신들 무농약 무농약 하는데 어때?' 하신다. 당신들이란 우리뿐만 아니라 호들갑스레 유기농을 들먹이는 도시인들을 지칭한 말이다. 우리가 얼른 대답 못 하자 아저씨는 우린들 농약 치고 싶어 치는 줄 아느냐며 무농약 소감이 어떠냐고 했다.

사실 우리는 일부러 농약을 안 친 게 아니라 농약을 쳐야 하는지 안 쳐도 되는지 또 치면 어떤 약을 치는지 몰라 방치한 것인데 아저씨는 우리를 잘난 체하는 도시인으로만 본 것이다.

그제야 나는 그간 아저씨를 비롯해 동네 사람들이 왜 우리에게 시큰둥한 시선을 보냈는지 깨달았다. 그분들은 우리가 먼저 땅 주인처럼 투기 목적으로 땅을 사두었다가 값이 오르면 팔려니 했던 것이다. 또 농사를 짓는다니 유난스레 유기농 채소를 먹으려는 줄 알고 아니꼽게 보고 있었다. 의식 있는 도시인들은 단순히 건강을 위해서 유기 농산물을 찾지만, 농민들은 땅을 지켜내야 하는 생존의 문제로 이미 그들이 찾기 전부터 유기농을 위해 전력을 다하고 있었다. 군데군데 쌓아놓은 검은 퇴비에서 풍기는 냄새로 나는 코를 쥐었지만, 그네들에겐 어느 향수보다 좋은 향이다.

나중에야 우리가 무당벌레라고 알고 있던 벌레는 이십팔 점박이로 감자에겐 치명적인 해충이었던 걸 알았다. 생김새며 색깔까지 같은데 등에 난 점이 무당벌레는 여섯 개고 이십팔점박이는 이십팔 개가 있다. 그걸 익충이라고 두고만 보고 있는 우리를 아저씨는 얼마나 한심하게 보았을까. 이후 우리는 동네 사람들을 모두 선생님으로 대하고 무슨 말이든 경청했다.

다행히 고구마 밭에는 벌레가 눈에 띄지 않았다.

실하게 뻗어나가는 줄기를 밟을세라 조심조심 밭을 오가며 풀을 뽑는데 아주머니 한 분이 보다 못한 듯 '에이그, 그 고랑에 있는 줄기는 두둑으로 걸어 올려야 해, 안 그러면 밑이 안 들어' 하며 혀를 찼다. 줄기가 뻗어나가며 뿌리를 내리면 거기서 또 고구마가 달리는 줄 알았던 우리는 부랴부랴 고랑을 훑어나가며 줄기를 걷어 올렸다. 이미 양쪽 두둑에서 뻗어내려 마치 머리끄덩이처럼 엉킨 줄기를 잘 뽑아 갈라놓는 것도 여간 힘든 게 아니었다.

무 배추는 아저씨가 일러준 대로 무는 씨를 뿌리고 배추는 모종을 사다 심었다. 배추가 제법 크는가 싶더니 잎에 구멍이 생기기 시작했다. 또 감자 꼴이 나는가 싶어 아저씨께 물었다. 아저씨는 배춧

잎 뒤쪽을 잘 살펴보면 달팽이가 있을 거라며 약을 해야겠지만 알아서 하란다. 잎을 세세히 살펴보니 굵은 모래알만 한 달팽이가 달라붙어 있는 게 아닌가. 서둘러 농약상에 가보았으나 일요일이라 문을 열지 않아 일일이 손으로 잡아주었다. 다음 주에 약을 치려고 살펴보니 별로 안 보여 손으로 잡아주고 약은 치지 않았다.

고구마 수확은 성공적이었다.

비록 굼벵이가 먹은 게 섞이긴 했으나 대체로 어린애 머리통만 했다. 남편이나 나나 그렇게 큰 고구마는 처음 보았다. 대견한 마음에 첫 농사를 지은 것이니 맛이나 보시라며 몇 집 돌렸다. 다들 우리보다 많이 수확했겠지만 성의를 생각해서 흐뭇하게 받아주었다. 배추 무도 잘 된 편이었다.

한 해 농사로 의욕이 생긴 남편과 나는 도서관을 찾아 다음 해에 심을 작물에 대해 정보를 복사해오고, 농촌진흥청 홈페이지를 들락거리며 풍작을 기대했다.

올봄 일찌감치 퇴비를 뿌리고 삽으로 떠엎어 두었다. 작년 실패를 만회하기 위해 감자를 더 많이 심기로 했다. 작년에 아무 말 안 하기에 올해도 그대로 밭을 만들었는데 올해는 두둑이 너무 넓다느니, 구덩이의 간격은 좁다느니, 혹시 서리가 내릴지 모르니 깊게 묻으라는 둥 동네 선생님들의 코치가 자상했다. 우리는 감자를 구덩이에 넣었다 꺼내기를 반복하며 열 이랑의 감자밭을 만들었다.

삼 주 후 서리태와 메주콩도 심었다. 심기를 거의 끝내가는데 한 아주머니가 '그거 새들이 다 먹을 텐데' 하신다. 찜찜하긴 했지만 어차피 다 심은 뒤라 모 식품회사의 광고대로 '새가 먹으면 얼마나 먹으랴 나눠 먹지' 하고 호기를 부렸다.

이 주 후 싹도 나고 잎이 났으려니 기대하고 갔으나 콩밭은 전멸했다. 싹을 틔운 콩은 모가지가 뎅경뎅경 잘려져 있거나 아주 뽑혀나가 구멍만 빠꼼하게 뚫려 있었다. 조금 성한 거라야 콩짜개 사이로 올라온 애기 손톱만한 잎이 한 장 붙어 있는 게 고작이었다. 젊은 엄마와 어린 딸이 콩을 심으며, 세 개씩 심는 엄마에게 왜 세 개씩 심느냐고 딸이 묻자, 하나는 사람이 먹고, 하나는 벌레가 먹고, 하나는 새가 먹는 거라고 설명해주는 광고는 한낱 교육용 미사여구에 불과했다. 벌레도 새도 결코 사람 몫을 남겨주지 않는 것이다. 나는 아저씨께 어쩌면 새가 이렇게 모조리 먹어 치울 수가 있느냐고 하소연을 했다. 아저씨는 저렇게 해야 한다며 손으로 당신의 콩모밭을 가리켰다.

콩모를 부은 아저씨네 밭은 양쪽으로 대나무 가지를 둥글게 건너질러가며 박고 검은 망을 씌워놓았다. 거기서 잎이 다 나올 때까지 길러 이식을 해야 한단다. 그냥 밭에다 직파하면 되는데, 새 때문에 두 번씩 품을 들이는 것이다.

나는 허탈한 마음을 달래기 위해 두둑을 덮어가고 있는 감자를 비롯해 뿌리를 잘 내리고 있는 고구마 토마토 들깨 호박 땅콩을 돌아보았다. 지난주에 깨끗이 매주었는데도 풀들은 시위를 하듯 돋아나와 있었다. 문득 보이지 않는 어떤 적과 싸우고 있는 듯한 느낌이 들었다. 예측하기 힘든 기후, 끈질긴 잡초, 극성스런 병충해, 사정없이 밀고 들어오는 외세에 이제 새들까지, 사실 농민들은 늘 그런 무형의 힘들과 대치하고 있었다. 도시 사람들의 삶이 사람들끼리의 갈등이라면, 농민들의 삶은 자연과의 갈등이다. 그만큼 대범해지고 처연해지지 않으면 견뎌내지를 못한다. 그래서 농심을 천심이라고 하는 게 아닐까.

나는 도시인들이 농촌에 대해 갖고 있는 생각들이 얼마나 피상적인가를 알 수 있을 것 같았다. 유기농이니 웰빙이니 하며 농산물에 까탈이나 부리고, 애정이라야 앞서 말한 광고처럼 막연한 향수나 연민 정도가 고작인 것 같다. 그나마 중요성만큼은 인식하고 있는 게 다행이다.

제아무리 훌륭한 누각이라도 모래밭에 지은 거라면 그 누각의 운명은 뻔하다. 농촌은 먹이사슬의 가장 낮은 부분을 맡고 있는 생명체의 근원지이며, 농업은 건강산업이 아니라 생명산업이다. 달나라로 우주선을 쏘았던 구 소련이나 핵으로 세계를 위협하고 있는 북한을 보더라도 식량이 부족하고서는 그 어떤 것도 이루어낼 수 없다는 걸 알 수 있다. 그 어떤 첨단 무기라 해도 식량만큼 막강한 무기는 없다. 그런데도 우리는 농업을 너무 안이하게 생각하고 있는 건 아닐까.

남편은 섭섭한 마음에 아저씨네처럼 콩모를 새로 붓자고 했다.

나도 속은 상했지만 농부가 되려면 느긋함부터 익혀야 할 것 같아 올해는 새들에게 시주하고 내년에 보은을 받자고 달랬다.

기억의 증표

　오십 일이 넘는 역대급 장마로 여름이 실종된 느낌이다.
　집안이 음습하더니 곳곳에 곰팡이가 피었다. 장마가 끝난 후 소독약을 뿌려가며 이곳저곳을 닦아내다가 장롱을 열어보니 거기서도 곰팡내가 났다. 옷을 모두 꺼내고 옷장도 닦았다. 꺼낸 김에 손빨래해야 할 것과 세탁소에 보낼 것, 거풍만 할 것을 분류했다. 아예 버릴 것도 한쪽으로 빼냈다. 정리를 다 했는데 애매한 옷 두 개가 남았다. 오래되어 안 입는 옷이니 굳이 세탁할 필요도 없고, 그렇다고 멀쩡한 옷이니 버릴 수도 없는 옷이다. 무엇보다 사연이 있는 옷이라 일단 거풍할 옷으로 분류했다.
　거풍할 옷들을 햇볕이 잘 드는 옥상 빨랫줄에 널었다.
　캄캄한 곳에 갇혀있다가 모처럼 햇살 바라기를 하는 옷들은 그간의 찌뿌듯함을 털어내듯 바람에 일렁였다. 그 중에도 가장 오랫동안 갇혔다 나온 두 개의 옷이 애잔하게 시선을 끌었다. 하나는 청색 바탕에 갈색 꽃무늬가 들어간 실크천에 허리 부분을 끈으로 묶어 늘어뜨리는 홈드레스고, 하나는 검정색 무스탕 코트다.

결혼을 앞두고 신랑 쪽에서 함에 넣을 옷을 맞추러 나오라고 한 날이었다. 지정해준 의상실로 가니 결혼한 손아래 시누이와 예비 신랑인 남편이 와 있었다. 시누이와 디자이너와 내가 옷을 상의하는 동안 남편은 한쪽에 떨어져 멋쩍게 앉아 있었다. 과묵한 성격에 처음 들어와 본 의상실이라 불편한 걸 억지로 참고 있는 게 역력했다. 그때 정장 두 벌과 이 홈드레스를 맞췄다. 홈드레스는 처음 입어 보는 데다 신부의 표상으로 신혼에 대한 꿈을 한껏 부풀려주었다.

결혼생활을 시작한 시댁은 산동네 작은 단독주택으로 부엌이 깊었다. 홈드레스는 말 그대로 집에서 입는 옷인데 부엌을 드나들려면 문지방에 보폭이 걸리기도 하고 치맛자락이 스쳐 입을 수가 없었다. 그래도 새댁의 티를 내고 싶어 방에서만 입어 보면서 이 옷을 마음 놓고 입을 수 있는 집에서 살기를 꿈꿨다. 분가해서도 여전히 재래식 주택이었고 출산 직후에야 비로소 아파트로 입주했다. 하지만 모유 수유를 하다 보니 앞이 막힌 긴 홈드레스는 여전히 입을 수 없었다. 두 아이가 다 자라서 입을 환경이 되었을 때는 몸이 불어 결국 입지 못했다. 그래도 혹시 살이 빠지면 입을 수 있지 않을까 싶은 미련으로 지니고 있다가 끝내 입지 못한 채 수십 년이 지났다.

무스탕 코트는 무게도 나가고 부피가 커 비좁은 장롱에 자리만 차지하고 있지만. 이 옷도 처분할 수 없는 사연이 있다.

오래전 막내 시누이 집에 다니러 가셨던 어머니가 부르셔서 갔던 날이다. 시누이가 깃과 소맷부리에 밍크털이 달린 이 무스탕 코트를 내놓으며 내 것이라고 했다. 나는 어안이 벙벙했다. 시누이 말로는 어머니가 얼마간의 돈을 내놓으며 사 오라고 했다는 것이다. 모자라는 금액은 보태서 좋은 것으로 사라고 해서 자기가 보탰다고도 했다. 그렇지 않아도 집도 장만해야 하고 애들도 한창 자라고 있던 때라 용돈을 넉넉히 드릴 수가 없어 늘 죄송하던 나는 우두망찰할 수밖에 없었다.

한번은 집에서 어머니께 용돈을 드렸는데 두 아이를 부르시더니 봉투에서 만 원권 한 장씩을 꺼내 주셨다. 애들은 좋아했지만 나는 봉투에 얼마 남지 않은 금액에 마음이 쓰였다. 다음 달은 애들을 차단하기 위해 큰집에 모셔다드리는 차 안에서 봉투를 드렸다. 어머님은 '얘 좀 봐' 하시며 놀라 내 얼굴을 바라보셨다. 내가 그냥 멋쩍게 웃자 어머니도 어이없다는 듯 따라 웃으셨다. 분명 내 속뜻을 헤아린 것이다. 어머님의 용돈을 지켜드리기 위해 그러긴 했지만, 할머니께 용돈을 받고 좋아하는 아이들과 흐뭇하게 바라보시던 어머님을 생각해 보면 잘한 일만은 아닌 것 같아 내내 찜찜하기도 했다.

무스탕 코트를 받고 멍해 있는 내게 어머님은 '아무리 둘러보아도 너만 이런 옷 안 입었더라'며 입어 보라고 하셨다.

나는 형편이 안 돼서 그런지 아예 무스탕에 관심조차 두지 않았었다. 그런데 막상 코트를 입어 보니 예상외로 따뜻하고 당장 신분이 달라 보이는 것 같았다. 어머님은 코트를 입은 나를 흡족하게 바라보셨다. 내가 매달 용돈을 드리긴 해도 그것으로는 어림도 없고 딸들이 준 용돈까지 모았을 걸 생각하니 가슴이 먹먹했다.

나는 그 코트를 유행이 지나고도 몇 년은 더 입었다.
우연히 지하철에서 만난 지인이 아직도 이걸 입냐며 놀라워했을 때 주위를 훑어보니 무스탕을 입은 사람은 나밖에 없었다. 이제는 나도 안 입은 지 오래되었다. 지금 보면 무겁고 둔하기 짝이 없는데 그때는 왜 그렇게 따뜻하고 든든하게 여겨졌는지. 아무리 추운 날씨에도 이 코트만 입으면 어디든 겁나지 않았고 누구를 만나도 당당했다.

저녁 무렵 거풍시킨 옷들을 걷어 다시 정리했다.
접어 서랍에 넣을 것과 옷걸이에 걸어 둘 것을 분리해 정리하다 보니 또 맨 나중에 두 옷이 남았다. 하나는 잘 개어 옷장 서랍에 넣고, 하나는 옷걸이 걸어 넣으려다 문득 이건 아닌데 하는 생각이 들었다. 다른 옷들은 수시로 입거나 당장은 아니더라도 언젠가는 입을 옷들이지만 이 두 옷은 전혀 그럴 일이 없다. 그런데 다시 컴컴한 옷장에 가둬두는 것이 부질없게 느껴졌다.
옷도 나름의 삶이 있다.
입는 사람의 안전을 지켜주고 품위를 높여주는 것이 진정한 삶이다. 그런데 다시 밖으로 나갈 기약도 없이 컴컴한 장롱 속에만 있다면 죽은 것과 다름없다. 진정으로 이 옷을 생각한다면 제구실을 하면서 살게 해주어야 하는 게 아닌가. 마음 같아서는 누군가 입겠다면 당장에라도 주고 싶다. 하지만 나도 못 입을 만큼 오래된 옷을 누가 입겠는가. 재활용 옷 수거함에 넣으면 누군가 필요한 사람이 있지 않을까 생각도 해보았으나 그건 내가 버린 걸 누가 주워다 입는 것 같아 마음이 내키지 않는다. 버리는 게 아니라 나보다 더 살게 해줄 누군가에게 보내고 싶다. 그러나 그러기에는 이 옷들은 이미 기능을 잃었다. 못 입을 만큼 낡은 건 아니지만 입는 사람의 품위를 지켜주지는 못할 것이다.

어쩌지 못해 바라보고만 있자니 비록 옷으로서의 기능은 잃었지만, 더 소중한 기능이 있어 보였다. 기억의 증표다, 홈드레스는 신혼 생활에 대한 꿈과 기대가 서려 있고 무스탕에는 어머님의 사랑이 배어 있다. 또한 홈드레스에는 중매로 만난 지 얼마 안 된 신부를 위해 의상실 한쪽에서 멋쩍음을 참으며 앉아 있던 남편의 풋풋한 모습이 서려 있고, 무스탕에는 당신이 입은 것보다 더 흐뭇하게 바라보시던 어머님의 모습이 담겨 있다. 그 모습들을 이 옷들 아니면 어찌 기억하겠는가. 기억이야 할 수 있겠지만 실감이 안 날 것이다. 그러나 이 옷이 있으면 볼 때마다 기억이 떠오를 것이고 느낌도 지금처럼 생생할 것이다. 그 기억은 내 삶에서 몇 안 되는 따뜻한 편린이요 풍요로운 감성이다.

이 기억의 증표로도 아직은 버릴 수 없다.

정말로 다시 옷으로서의 기능을 살려줄 사람을 만나거나, 내 기억이 온전치 못하게 될 때까지 나와 함께 할 것이다. 박물관의 유물들이 제 기능은 잃었지만 소중한 의미가 있어 보관하듯이, 두 옷도 내 소중한 기억의 증표로 장롱 깊숙이 갈무리했다.

노천탕의 참전용사들

　인근에 있는 온천장을 종종 찾는다.
　산에 둘러싸인 온천장은 조용하고 공기가 쾌적할 뿐 아니라 물이 좋기로 소문이 나 있기도 하다. 게다가 평일 오전 9시 이전에 가면 요금이 반값이라 시간 맞춰 일찍 간다. 여러 종류의 탕이 있는데 나는 그중에 노천탕을 좋아한다. 따뜻한 노천탕에 몸을 담그고 상쾌한 공기를 마시며 막 퍼지기 시작하는 햇살을 받고 있노라면 살아온 삶에 대한 보상을 받고 있는 것 같다.
　이 시간대에 오는 사람들은 거의 인근에 사는 노년층이거나 대중에게 몸을 드러내기가 꺼려지는 사람들이다. 그러다 보니 자연스레 갖가지 사연을 듣게 된다. 외국 속담에 노인 한 사람이 죽는 것은, 박물관 하나가 없어지거나 도서관 한 개가 불타버린 것과 같다더니, 이들의 사연을 듣다 보면 역사관 하나씩은 품고 있는 것 같다. 역사는 승리한 자에 의해 쓰이기 마련이다.
　그 나이에 이 시간대에 와서 온천을 즐길 수 있는 형편이라면 승자라 해도 과언이 아닐 것이다. 그래서 그럴까. 불량품으로 팔 수도 없고 먹자니 많고 버리자니 아까운 농산물처럼 몸매는 볼품없지만, 말하는 태도와 음성은 무용담을 털어놓는 용사들처럼 당당하다.

이 사람들에게 가장 큰 적은 세월이었을 것이다.

고초당초보다 맵다는 시집살이는 눈물바람으로 견뎌내고, 화수분으로 들어가는 자식들의 뒷바라지는 입에 단내가 나도록 억척을 떨어 끝을 내고, 온몸을 파고드는 병마는 사생결단으로 떨쳐내고, 국가적 사회적 난리도 요령껏 피해 냈는데, 자신도 모르게 세월이 시나브로 마모시킨 몸만은 지켜낼 수 없었다.

허리를 접고 먹이를 찾는 저어새처럼 걷는 사람, 가슴을 뒤로 젖히고 원숭이처럼 걷는 사람, 몸을 좌우로 심하게 뒤뚱거리며 오리처럼 걷는 사람 등 걷는 모습뿐만 아니라, 사고로 장애가 있거나 노화로 관절이나 뼈가 변형된 사람, 큰 수술로 심한 흉터가 있는 사람 등 저마다 세월과 대적한 상흔이 처참하다.

때론 나이가 믿어지지 않을 만큼 꼿꼿한 몸매에 고운 피부로 부러움을 사는 사람들도 있다. 그런 사람들도 얘기 들어보면 나름의 힘든 고비 두엇은 있다. 세월의 바퀴는 매끄러운 고무타이어가 아니라 날카로운 톱니바퀴인지도 모른다. 그래서 세월이 지나간 자리는 자국이 남기 마련이다.

각양각색으로 변형되었지만 노천탕 노인들도 젊어서는 예쁜 몸매들이었을 것이다. 수십 년 동안 톱니바퀴 같은 세월을 보내면서 마치 지문처럼 다 달라진 것이다. 지문은 타고난 무늬로 단순히 한 사람의 고유한 인식표이지만, 일그러진 몸매는 오랫동안 자신이 만

들어온 무늬로 각자 처한 여건과 환경을 이겨낸 상흔이요 훈장이다. 그 훈장에 대한 자부심으로 몸매는 일그러졌어도 마음은 승전한 참전용사처럼 당당할 수 있는 것이리라.

이순을 훨씬 넘긴 내 몸도 예전의 몸매는 아니다.

여자들은 나이 들면 보통 아랫배가 나오는데 나는 윗배가 나왔다. 의학적으로 근거가 있는지는 모르지만 나는 남다른 임신과 출산으로 그렇게 된 것이라 생각한다.

나는 결혼 후 몇 년 동안 아이가 없었다.

두 군데 불임 전문병원에서 진단한 결과 선천적으로 나팔관이 막혀 임신할 수가 없다고 했다. 당시는 시험관 아기를 할 수 없던 시절이라 더 이상 의학적으로는 아무것도 할 수 없었다. 모든 생물에게 주어진 권리요 본능을 행사할 수 없다는 자괴감에 나는 삶 자체가 무의미하게 여겨졌다. 딸이 소박이라도 당할까 봐 사위 눈치 보며 노심초사하는 친정 부모님을 보는 것도 힘들었다. 그렇다고 정말 삶을 포기할 수도 없어 한의원에도 다녀 보고 민간요법도 써보았다.

독한 한약과 민간처방으로 몸은 쇠약해져 갔다.

그러다 지레 죽겠다며 몸 건강부터 챙기라는 걱정도 들었다. 하지만 나는 죽으면 그만이라는 생각으로 매달렸다. 한번은 불임에 특효라는 말을 듣고 친정 부모님이 만들어 보낸 아까시나무 껍질 즙을 마신 후 설사와 구토를 동시에 하며 극심한 복통을 겪다가 이

웃의 등에 업혀 병원까지 가서는 정신을 잃은 적도 있었다.

사력을 다하니 하늘이 도왔는지 아이가 들어섰다.

그토록 컸던 자괴감이 그대로 환희로 바뀌는 순간이었다.

나는 빨리 임신한 표를 내고 싶었다. 불임으로 병원에 다닐 때 배가 부른 임산부를 보면 얼마나 부러웠는가. 그러나 독한 약으로 쇠약해질 대로 쇠약해진 터에 입덧까지 심해 약골이 된 내 몸은 좀체 표가 나질 않았다. 나는 의도적으로 배에 힘을 주어 내밀고 걸었다. 임신했다는 걸 동네방네 자랑하고 싶었다. 칠 개월이 지나자 저절로 배가 나오면서 어깨는 자연스럽게 뒤로 젖혀졌다. 더불어 발걸음도 팔자로 벌어졌다. 그렇게 막달을 채워 제왕절개 수술로 첫아이를 낳았다. 비로소 벗어나 있던 삶의 궤도에 바로 들어선 것 같은 안도와 기쁨에 젖었다.

첫째가 막혔던 나팔관 문을 열어준 덕에 둘째는 쉽게 들어섰다.

습관이 됐는지 걸을 때 저절로 배에 힘이 들어가고 내밀어졌다. 둘째 역시 제왕절개로 출산했다. 아들 둘을 키우느라 내 몸매 따위는 안중에 없었다. 옷도 포대기를 패션으로 생각했다. 몸무게가 늘기는 했지만 워낙 약했던 몸이라 건강해진다고만 생각했다. 지인들이 내게 걸음이 씩씩하다거나 남자 같다고 했을 때도 그저 활기차다는 좋은 의미로 받아들였다.

어느 날 시어머니께서 너는 왜 어깨를 뒤로 젖히고 걷느냐고 하셔서야, 건물 유리에 비친 내 몸을 눈여겨보고는 한숨을 쉬었다. 비로소 지인들의 말이 칭찬이 아니라 흉을 에둘러 본 것이라는 걸 깨달았다.

그때부터 걸음걸이도 수정하고, 불어난 몸무게를 줄이기 위해 음식조절도 하고 헬스장도 다녀 보고 등산과 탁구도 열심히 했다. 그럭저럭 몸무게는 표준치 가까이 돌아왔는데 나온 배는 요지부동이었다.

아무래도 첫 아이 갖고 희열에 젖어 일부러 배를 내밀고 다녔던 것이 그대로 자리를 잡아 그런 것 아닌가 싶었다. 단순한 배가 아니라 아이를 향한 간절함이 굳어 있는 것만 같았다. 그래도 다 해결되었으니 편안한 마음으로 노력하면 본 모습을 찾겠지 싶었지만 아무리 애를 써도 소용이 없어 스트레스만 받았다. 그러던 중 귀에 솔깃한 말이 들렸다. 윗배가 나온 사람은 늙어도 허리가 굽지 않는다는 것이다. 실제로 내가 허리를 굽혀보아도 배가 받쳐주어 둥글게 굽혀지지 않고 뻣뻣하게 꺾인다. 옷태가 나지 않아 안타깝긴 하지만 그래도 현대의학으로는 불가능하다는 임산과 출산을 내 불굴의 의지로 두 번이나 해낸 훈장 아니겠는가. 덕분에 연로해도 허리를 꼿꼿하게 살 수 있는 포상을 받은 셈이다.

오늘도 노천탕에는 삶의 전장에서 승전한 용사들로 왁자지껄하다. 얼핏 '왕년에 내가 대통령을 두 번이나 갈아치운 사람이야' 하는 소리가 들렸다. 호기 있는 모습에 들어보니 서울에 살 때 부녀회장도 오래 했고, 대통령 선거 때 운동원으로 활동한 모양이다. 그러다 남편의 건강 때문에 귀촌했는데 이곳에서는 주민들이 선뜻 곁을 주지 않아 그 섭섭함을 풀어내는 것 같다. 여인의 열변을 듣고 있던 내 옆의 노인이 작은 소리로 '들어온 돌이 박힌 돌을 치려 하니 안 그래!' 하며 빈정거린다. 아무래도 역전의 용사들이 세 과시를 하는 모양새다, 하지만 서로 안 들리게 제 말만 할 뿐 직접 대거리는 피한다. 살아온 전장이 달라서 표현이 다를 뿐 양쪽 다 전장을 이겨낸 자부심이란 걸 서로 잘 알기 때문이다. 그런 자부심을 지켜내느라 몸이 일그러지는 것쯤은 감내해야만 했으리라. 그 일그러진 훈장에 경의를 표한다.

생각하는 의자

전철을 탔다.

예상대로 자리가 없어 중간쯤에 서서 갔다. 그런데 내 앞에 앉아 가던 사람이 나를 툭툭 치며 손가락으로 한 곳을 가리켰다. 가리킨 곳을 보니 노약자석에 자리가 비어 있었다. 그러니까 나보고 노약자석에 자리가 비었으니 가서 앉으라는 것이다. 깜짝 놀라 다시 앞 사람을 보니 할머니다. 나는 할머니에게 미소 띤 얼굴로 '괜찮아요' 하고 그냥 서서 갔다. 노약자석이지만 통상 경노석인데 나보고 거길 가서 앉으라니 내가 그렇게 나이 들어 보였나 싶어 어이가 없었다. 그런데 생각해 보니 나도 몇 개월 전에 지하철 무임승차카드를 받았다. 그 자리에 가서 앉는 게 당연한 것이다. 하지만 나는 공짜라 일단 카드는 사용하지만 경로석에 앉아본 적은 없다.

그 자리는 노인들 자리라는 관념에 나는 아예 해당이 안 된다고 생각해왔다. 오히려 그 자리에 앉으면 노인들께 실례를 범하는 거라 여겼다. 그런데 할머니가 노약자석을 가리키며 앉으라고 하자 처음에는 어이가 없었고 나중엔 뭔가 들킨 기분이 들었다. 그러면서도 할머니가 나를 제대로 보지 않고 자리가 급급한 당신 입장에서 빈자리가 나자 무심히 가리킨 것이라고 생각했다. 그렇게 우기니 마음은 더욱 무거워졌다. 그래도 서서 갈망정 그리로는 발길이 안 갔다. 체력으로도 문제없고 마음으로도 인정할 수 없었다. 하지만 뭔가 억지를 부리고 있는 것 같은 찜찜함은 지울 수 없었다.

내 마음이야 어떻든 법적으로 노인으로 인정받아 무임승차권까지 받았다. 서울 외곽에 사는 나로서는 교통비 부담이 줄어 아주 요긴하고 고맙다. 지하철이 적자라는 말에 공연히 나라에 해를 입히고 있는 것 같아 미안하기도 하다. 우리나라가 이 만큼 잘살게 된 게 다 우리가 젊어서 고생한 덕이니 그만한 대우 받는 게 당연하다고 큰소리치는 노인도 적지 않다. 솔직히 성실하게 산 건 맞지만 나라를 위해 그런 건 아니다. 우선 나와 내 가족이 먹고살기 위해 갖은 고생을 마다하지 않은 것이다. 그런 덕분에 내 생활이 조금씩 나아졌고, 개인의 생활이 넉넉해지다 보니 나라도 부강해질 수 있었다. 고맙고 다행한 일이지 유세할 일은 아니라고 생각한다.

그나마 이제 초고령화 사회로 들어서면서 각종 노인 문제들이 속출하고 있어 주눅마저 든다. 국민연금이나 건강보험도 늘어나는 노인들 때문에 몇 년 후에는 적자가 예상되고 있고, 노동 인구 한 사람당 담당해야 하는 노인 수가 늘어 젊은이들에게 크나큰 부담을 주고 있다고 한다. 그 외에 노인 빈곤과 치매를 비롯한 각종 노인질환 등 사회적으로 정말 문제가 아닐 수 없다. 지금의 노인들은 젊어서 우선 살기 급급한 나머지 노후까지 챙겨둘 여력이 만만치 않았다. 그래도 예전에는 자식들이 노후를 담당해주어 다산을 복으로 알고 그 자식을 위해 혼신을 다했지만, 이제는 자식들도 살기 어려워 의지할 수 없다. 그런 답답한 부모 세대를 보는 젊은이들이 자식을 나으려 하지 않는 건 당연한 일인지도 모른다.

이제 백세 시대라고 한다.
과연 백세 시대가 축복일까, 재앙일까. 환갑에 잔치를 하던 시절만 해도 장수는 큰 복 중에 복이었다. 어른에게 드리는 덕담으로도 장수가 최고였다. 물론 요즘에도 장수는 큰 축복이다. 다만 장수가 너무 길어져 보장되어야 하는 게 있다. 건강과 경제력은 필수고 늘어난 여가를 즐길 수 있는 취미도 갖고 있어야 한다. 아무 준비 없는 장수는 자신에게는 고역이고 젊은이들에게는 짐일 뿐이다. 지금 노인 세대는 자식들 키우느라 노후준비에 소홀했고, 젊은 세대는 노인부양에 허리가 휠 지경인 모순이 벌어지고 있다. 그런 모순에서 서로 자신들의 입장을 고수하다 보니 세대 갈등도 심해지는 것 같다.

평균수명이 길지 않은 시절에는 젊은 세대와 노인 세대의 시간적 거리가 크지 않아 서로 이해하는 데 힘이 덜 들었을 것이다. 노인들에게는 얼마 전에 지낸 자신들이 과거고, 젊은이들에게는 곧 닥칠 자신들의 미래이니 서로 품을 수 있는 여지가 많았다. 하지만 백세시대는 사정이 다르다. 노인들 편에서 보면 자신의 젊은 시절은 가물가물하게 멀 뿐더러 환경이나 여건도 현재와는 확연히 다르다.

따라서 생활방식이나 관념도 다를 수밖에 없다. 반면 젊은이들 편에서 보면 백 세까지는 너무 멀어 자신이 그때까지 살아있다는 보장도 없을뿐더러 그때의 상황이 실감이 안 난다. 그러니 두 세대의 이해의 폭은 세월만큼이나 멀 수밖에 없다. 이런 문제와 갈등을 생각하면 백세 시대는 재앙쪽에 가까울지도 모른다.

그러나 이미 대세는 초고령화 시대로 접어들었다. 재앙이 안 되려면 대비를 할 수밖에 없다. 개인이나 국가가 지금부터라도 잘 대비하면 분명 장수는 다시 축복이 될 수도 있을 것이다. 어느 선진국은 연금이나 보험 같은 사회적 제도로 여유 있는 노인들이 많아지면서 주소비층으로 자리잡고 있다고 한다. 노인들을 위한 생활용품과 여가산업이 높은 부가가치를 올리고 있다. 더 이상 소외와 보호의 대상이 아니라 당당한 현실참여층이라는 것이다. 대비만 잘하면 노인 세대는 경제력·시간·지식·경험이 풍부한 안정된 사회구성원으로 국가의 탄탄한 버팀목이 돼 줄 수도 있다. 그쯤 되면 백세 시대는 분명 축복이다.

지하철 개찰을 할 때 역무원이 쫓아와 주민등록증을 확인하려 들지 않나 은근히 기대했지만 한 번도 그런 적은 없다. 아예 경로석이 비었다고 손짓으로 알려 주기까지 하니 나도 이제는 외관상으로도 노인 세대에 들어섰다. 지하철 한쪽 구석에 있는 경로석이 어쩐지 쓸모없는 사람들을 한쪽으로 몰아놓은 것 같아 그쪽으로 발이 떨어지지 않지만 별 수 없다. 감지덕지해야 할 내 자리다.

어린아이들 훈육 방법에 '생각하는 의자'가 있다.

아이가 잘못했을 때 무작정 꾸중을 하기보다 한쪽에 의자를 놓고 아이를 혼자 앉혀둔 채 무얼 잘못했는지 생각해 보게 하는 방법이다. 인내심이 부족한 아이에게 혼자 있게 하는 것 자체가 두려움이고 큰 벌이다. 아이는 나름대로 생각을 해보고 잘못을 인정해서 다시는 안 그러겠다는 다짐까지 한다.

경로석도 이런 '생각하는 의자'와 같은 의미도 있지 않을까.

어린이에게는 잘못을 생각해 보게 하는 의자라면, 경로석은 감사를 생각해 보게 하는 의자일 것이다. 질곡의 세월을 잘 견뎌온 스스로에 대하여, 노인들 몫까지 열심히 일하는 젊은이들에 대하여, 그간의 노고를 인정하고 배려해주는 나라에 대하여, 도움이 되지 못해도 부모로 받들어주는 자식들에 대하여, 불러주는 친구들이 있다는 것에 대하여, 외출할 수 있는 건강에 대하여, 밖에서 할 일이 있다는 것에 대하여 등 감사해야 할 대상과 일은 많다. 감사해야 할 것이 많을수록 뿌듯하고 행복하다. 또한 그러한 것들이 많을수록 잘 살아왔다는 증표가 될 것이다.

이제 나도 공연히 중간 자리를 고집하지 말고 순순히 경로석에 앉아야겠다. 그간의 감사한 사람이나 일들을 생각해 보기도 하고, 삶의 긴장에서 벗어나 상념에도 젖어보고, 치매 예방을 위해 스마트폰으로 숫자퍼즐게임도 하고, 음악도 듣고, 피곤하면 졸기도 하면서 이왕 받은 배려를 편히 누려야겠다.

바라보는 그곳에 행복이

교양 강좌나 어른들의 충고를 들어보면, 지혜롭게 사는 방편으로 나보다 위를 보지 말고 아래를 보고 살라는 말을 듣게 된다. 아마도 경제적으로 나보다 잘사는 사람들을 보면 위화감에 의욕을 잃기 쉽고, 나보다 못한 사람들을 보면 위로를 받고 용기를 얻기 때문이 아닐까 싶다.

그런데 조금 더 구체적으로 생각해 보면 위와 아래의 범위에 따라 다를 수도 있다. 위라고 해서 일면식도 없는 재벌들의 삶을 바라보면 그저 다른 세상 사람들 같아 별 자극이 없다. 아래라고 해서 역시 일면식도 없는 극빈층을 바라보면 위로는커녕 비교되는 것 자체가 짜증 날 수도 있다. 영향을 받는 것은 너무 위도 아니고 너무 아래도 아니다,

사촌이 땅을 사면 배가 아프다는 속담이 있다.

이 사촌이 영향을 미치는 절묘한 범위가 아닌가 싶다. 친형제가 땅을 사면 기쁠 것이고, 오촌 이상 먼 친척이 땅을 사면 그냥 그런가 보다 할 것이다. 바로 사촌이 땅을 사야 배가 아픈 것이다. 이 아

픈 배가 크고 작은 후유증을 남기는 것이다. 요즘은 혈연보다 사회적 인맥과 더 자주 만나다 보니, 혈육의 사촌보다 이웃사촌의 영향이 더 크다. 자주 만나는 동료 친구 지인들이 이 사촌들에 해당한다.

나의 이웃사촌들은 거의 올려다보아야 한다.

그저 제 사는 얘기를 하는 데도 듣고 있노라면 슬그머니 기운이 빠지곤 한다. 그렇다고 사촌들이 모두 대부호는 아니다. 내 빠듯한 형편을 기준으로 위에 있다는 것이다. 어쩌면 그들은 또 그들의 이웃사촌들을 올려다보며 속앓이를 하고 있을지도 모른다. 나 또한 끼니 걱정을 할 만큼의 빈곤한 삶은 아니다. 은행 대출을 받긴 했지만 사채를 써본 적은 없고, 개인적으로도 누구에게 아쉬운 소리를 해본 적도 없다. 이 만큼의 삶도 성실하게 살아왔기에 가능하다는 자부심도 있다.

나 혼자 있을 때는 남부러운 것이 없다.

그런데 사촌들을 만나면 허탈해지는 것이다. 초라하고 뭔가 잘못 살고 있다는 느낌마저 든다. 요즘처럼 다양한 산업 사회에 전업주부로만 사는 것도 사촌들 보기에는 한심할 것 같고, 은행 저축밖에 모르는 재테크 방법도 고지식하고 아둔하게 볼 것만 같다. 고가의 브랜드 상품이나 외식업체에 대해 무관심한 것도 내 천성이자 소신이지만, 내 형편을 잘 아는 지인들의 눈에는 무지나 무능으로 보이는 것 같아 마뜩잖다.

물론 나의 자격지심일 수도 있다.

그렇다 하더라도 모임을 유지하는 비용도 부담스럽고 관심 분야와 인식의 차이로 지인들 만나는 것이 점점 불편해졌다. 아예 모든 만남을 접고 칩거하고 싶었다. 하지만 뚜렷한 명분 없이 그리하면 궁색하고 옹졸한 꼴만 드러내는 것 같아 그럴 수도 없었다. 노후에는 시골에서 살겠다고 생각해왔는데 그때는 거리를 핑계로 모두 접으리라 다짐했다.

그런데 공교롭게도 생활 형편에 몰려 계획한 것보다 일찍 시골로 들어오게 되었다. 마음은 사촌들과 단절하고 칩거하고 싶었지만 쉬운 일이 아니었다. 산다는 것 자체가 사람과 사람이 엮여 일상을 만들어가는 것인데, 일상을 피할 수 없으니 사람을 피할 수 없는 노릇이다. 게다가 수십 년 넘게 엮어온 인연들을 끊는 것도 못 할 일이었다. 할 수 없이 대담해지자고 스스로 다독였다. 자기방어에 강해진 것일 수도 있고 현실과의 타협에 길들어진 것일 수도 있다.

내가 올려다보느라 힘들다면, 저들은 나를 내려다보며 행복해하지 않을까 하는 생각이 들었다. 많은 사람이 공감하듯 아래를 내려다보면 위안을 얻고 행복해질 수 있다지 않은가. 그렇다면 내가 사촌들에게 행복을 주자는 오지랖까지 생긴 것이다.

나는 지인들을 만나면 좋겠다거나 부럽다는 말을 스스럼없이 했다. 예전에는 부럽다면 열등감을 표현하는 것 같아 선뜻 말이 안 나갔다. 이제는 나와 상관없이 상대의 우월감만을 높여주는 것으로 생각하게 되었다. 상대의 우월감이 나의 열등감은 아니라는 여유가 생긴 것이다. 부러워하는 것이 아니라 부러워해 주는 것이다.

부러워하는 것과 부러워해 주는 것은 상당한 차이가 있다.

부러워하는 것은 상대방 즉 사람에 대한 감정인 반면, 부러워해 주는 것은 상대방에게 일어난 일에 대한 감정이다. 부러움 끝에 시샘 난다는 속담처럼 사람을 부러워하는 것에는 시기심이 포함되어 있다. 오죽하면 부러워하면 지는 것이라는 말이 생겼을까. 하지만 부러워해 주는 것은 일어난 일에 대해 축하해 주는 것인 만큼 직접 사람과는 거리가 있다. 또한 부러워하는 것은 속마음이라 시기심을 품고 있지만, 부러워해 주는 것은 드러난 마음이기 때문에 관용이 있어야 한다. 물론 가식적으로 하면 그건 비아냥일 뿐이다. 진심으로 부러워해 줄 때 상대방도 즐겁고 관용을 베푼 나도 즐거워진다. 나로 인해 누군가가 행복해질 수 있다면 그 또한 보시(普施)다 싶은 치기도 들었다.

모임에 나가거나 지인들을 만나려면 행복하게 해줄 마음부터 준비한다. 자랑하고 싶지만 별것 아니라 주저하는 사람이 있으면, 충분히 자랑할 만한 일임을 부각시키며 축하해 준다. 더 자랑하고 싶은 눈치를 보이면 자세하게 말할 수 있도록 구체적으로 그 일에 대해 물어봐 준다. 간혹 속상해하는 사람이 있으면 무슨 일인지 물어봐 주고, 정말 속상하겠다며 어떻게 그렇게 의연할 수 있냐고 대단하게 보아준다. 속상할 때 위로한답시고 별일 아니니 속상해하지 말라고 하는 경우가 있는데, 그러면 오히려 별일 아닌 일로 속상해하는 옹졸한 사람으로 치부되는 것 같아 짜증 나기 때문이다. 자랑하고 싶든 위로받고 싶든 그 심정이 당연하다는 걸 인지시켜주려 애쓴다. 부러움 끝에는 시샘이 따를지 모르지만, 부러워해 주면 언젠가 내게도 그런 일이 생길 것 같은 뿌듯함이 생긴다. 나의 마음이 통했는지 때때로 답례도 돌아온다.

"전원생활 부럽다."

내 시골살이에 대해 그렇게 말해주는 지인들이 있는 것이다.

말은 부럽다고 하지만 직접 시골에서 살라고 하면 한 달도 못 살 것이다. 정말 부러워서가 아니라 이왕 시골로 정착한 삶에 대한 격려의 표현이다. 나도 시샘이 따르는 부러움보다 관용으로 부러워해 주는 것이 더 좋다. 서로 부담도 시기도 없이 진심으로 축하해 주고 부러워해 주어야 원만한 사촌들로 남을 수 있을 것이다. 사촌들이 잘사는 건 행복한 일이다. 나도 그들의 사촌이니까.

위와 아래는 공존하며 유동적이다.

내가 위가 되기도 하고 아래가 되기도 한다. 위를 향해서는 축하하는 마음으로 보고, 아래를 향해서는 내 형편을 감사하는 마음으로 보면 마음이 푸근해질 것이다. 또 위를 향해서는 우월감을 주고 아래를 향해서는 격려를 준다면 행복의 전도사가 되는 일이다. 남에게 행복을 주려면 내가 먼저 행복해져야 한다.

행복해지는 데는 훈련이 필요하다.

경제적으로 나보다 위에 있는 사람이라고 해서 모든 면에서 다 풍족한 건 아니다. 들여다보면 누구나 근심 걱정은 있게 마련이다.

크게 보이던 내 걱정이 올려다보던 사람들의 것보다 작은 경우도 많다. 내게 있는 것의 가치는 크게 생각하고 내게 없는 것의 가치는 작게 생각하는 훈련을 하다 보면 곳곳에 숨어 있는 행복이 보인다.

어디를 바라보든 무슨 상관이랴. 바라보는 그곳에 행복이 있거늘!

가을을 말리다

따가운 햇볕과 서늘한 바람이 맞물린 마당에는 여름과 가을 두 계절의 정기가 공존한다. 어제 따놓은 붉은 고추를 널어놓고, 오늘은 참깨를 베어 단으로 묶어 세워 놓았다. 오래 두고 먹기 위해 갈무리하고 있는 것이지만, 내가 아니라도 그들 스스로 몸을 말릴 것이다. 습기를 머금고 있어야 탱탱하고 때깔도 곱다는 걸 그들도 알 테지만, 그걸 지키려고 욕심을 내면 이내 썩어 버리고 만다는 걸 잘 알기에, 따가움을 감내하며 쪼그라들고 있다. 어디 고추와 참깨뿐이랴. 들에는 곡식들이 말라가고 있고, 산에는 나뭇잎들이 말라 떨어지고 있다. 그들이 말라가는 것은 육신의 상실이 아니라 생명력의 응축이요 삶의 완성이다. 그렇게 가을은 스스로 잘 말라야 풍성한 겨울을 맞을 수 있고, 튼실한 후세를 지킬 수 있는 것이다.

나이가 들어가면서 점점 웃을 일이 적어지는 것 같다.
웃을 일이 적어지는 게 아니라 웬만한 일로는 웃어지지 않는다. 마치 음식의 맛이 없어서가 아니라 혀가 미각을 잃어 맛을 못 느끼는 것처럼 흥미를 느끼지 못하는 경우가 많다.

텔레비전에서 대놓고 웃으라고 만든 코미디 프로그램을 보다가 박장대소를 하는 관객들을 보면 실없게 여겨진다. 얼마 전까지 나도 그랬던 걸 생각하면 서글퍼지곤 한다. 감수성도 있는 편인데 남들이 재미있다는 영화나 드라마를 보고도 시큰둥할 때가 많다. 나는 이런 변화를 감성이 말라가는 노화 현상이라 생각했다. 자연스러운 노화라면 어쩔 수 없지만, 어려운 생활환경으로 일찍 노화가 온 게 아닌가 싶어 우울해지곤 했다. 나이 들면 금전이 사람 노릇 해줄 때가 많은데 그게 여의치 못하니 몸도 마음도 처지는 것 같았다.

그래도 이곳 전원주택으로 이사한 후 텃밭을 가꾸며 많은 위안을 얻는다.

농촌 태생인 나는 젊어서부터 노후에는 시골에서 살겠다는 꿈을 가지고 있었다. 조금의 여유가 생겼을 때 서울 외곽인 양주에 마당 넓은 폐가를 샀다. 당시 그만한 자금이면 서울에 전세를 끼고 조그만 아파트도 살 수 있었다. 그러나 이재에 밝지 못한 나는 투자가치는 고려하지 않고 노후의 여유로운 전원생활만 꿈꾸며 집을 샀다. 폐가를 허물어 밭도 만들고 우리가 이사 올 무렵 크게 자라 우리를 반겨줄 묘목들도 심었다. 남편과 나는 주말마다 농사를 지으러 다녔다. 꽉꽉한 일상에 축 처져있다가도 이곳에 와서 쑥쑥 자라 있는 작물을 보면 힘이 생겼다. 나중에 집 짓고 들어올 상상까지 하면 한결 마음이 든든했다. 꼭 할 일이 없어도 그런 위안을 얻기 위해 주말이면 와서 풀이라도 뽑곤 했다.

　혹시나 나아질까 했던 생활 형편은 점점 기울어 서울이든 시골이든 한쪽을 정리하지 않으면 안 되게 되었다. 아이들 직장도 그렇고 남편 사업도 아직은 서울 생활을 더 해야 하지만 시골 땅을 처분하면 영영 시골로는 가지 못할 것 같아 서울 집을 처분하기로 했다.

　막상 아파트를 매물로 내놓았으나 부동산 경기가 안 좋은 때라 매매 자체가 안 되었다. 우선 아파트를 담보로 최대한 대출을 받아 집을 짓기 시작했다. 하지만 겨우 기초만 한 상태에서 자금이 바닥나 중단하고 기다릴 수밖에 없었다. 그렇다고 늘어나는 이자를 감당할 수 없어 시세보다 싸게 매매해서 계약금과 중도금을 받는 대로 집을 지어나갔다. 설계는 건축사인 남편이 했고 시공은 업자에게 맡겼지만, 남편이 수시로 가서 점검했다.

　귀촌할 때는 원주민들과 갈등이 있기 쉽다는데 우리는 수년 전부터 드나들며 동네 분들과 낯을 익혀온 터라 아무런 문제가 없었다. 오히려 집을 짓는 동안 동네 분들이 많이 도와주고 이사 왔을 때도 환영해주었다.

　앞마당을 정원으로 잘 꾸미면 멋있는 전원주택이 되겠지만 우리는 차가 드나들 수 있는 공간만 마당으로 남기고 나머지는 텃밭을 만들었다. 주변의 농가들에 비하면 소꿉장난 같지만 진정한 농부의 마음으로 텃밭을 가꾸기 시작했다. 정원으로 꾸민 것보다 울도 담도 없이 밭을 만들어 농사를 짓는 것이 동네 사람들에게도 친근하게 보인 것 같다.

지인들은 내가 시골로 들어간다고 하니 심심하지 않겠냐고 의문을 가졌다. 문화생활을 못 해 답답할 거라며 다시 생각해 보길 권하기도 했다. 무엇보다 나이 들면 병원이 가까워야 하는 데 교통이 불편해 어렵지 않겠냐며 걱정했다. 나도 걱정은 되었지만 막상 들어와 텃밭을 가꾸며 살다 보니 오히려 서울 살 때보다 바쁘다. 작물은 건사하면 건사한 만큼 표가 나기에 날마다 들여다보게 된다.

파종과 수확 시기도 다르고, 한꺼번에 다 먹을 수 없으니 여러 가지 방법으로 저장해야 하는 등 일손이 많이 간다. 각기 다른 모양과 속도로 자라나 각기 다른 열매를 맺는 작물들을 보고 있노라면 치열한 생존과 풍요가 느껴지곤 한다. 교통도 처음에는 다소 불편했지만 적응해 나가니 이제는 견딜만하다.

문화는 어느 특정한 곳에만 있는 건 아니다.
어디서든 정신적 위안을 얻고 삶의 질을 높일 수 있으면 그게 문화가 아닐까. 도시에 도시문화가 있다면 농촌에는 농촌문화가 있다. 도시문화는 인위적인 창작이지만 농촌문화는 자연적인 정취다. 내가 서울 살 때보다 경제 여건이 나아진 게 없는데도 넉넉하게 느껴지는 것은 그 정취 덕이 아닌가 싶다. 그 덕분에 무용지물이 된 것 같은 강박에서 서서히 벗어나고 있다.

지금 해바라기를 하는 고추와 참깨는 살아온 시간보다 몇 곱절 혹은 영원히 살 수도 있는 시간을 벌고 있는 것이다. 단순한 생명 연장이 아니라 삶을 완성해 나가는 것이다. 온갖 병충해와 고르지 못한 기후로 수없이 죽을 고비를 넘기고 얻어낸 기회요 보상이다.

　어쩌면 내게 웃을 일이나 재미있는 일이 적어진 것도 감성의 상실이 아니라 농축이 아닐까. 노화 현상이 아니라 헤픈 감정들을 걸어내어 건강하고 오래 살려는 정화 현상인지도 모른다. 그러고 보니 웃는 일이나 재미있는 일만 줄어든 게 아니라 분노하거나 분개하는 일도 훨씬 줄었다. 주관적이기보다 객관적으로 생각하려 하고, 대화할 때는 내 입장에서보다 상대방 입장에서 듣는 편이다. 길지 않은 여생에 좋은 기억만 남기고 싶고, 좋은 사람으로 기억되고 싶다. 갖지 못한 것에 연연해하다가 정작 가진 것은 깨닫지 못하게 될까 봐 점검해 보기도 하고, 매사 긍정적으로 생각하려 노력한다. 헤프고 모난 감성이 많이 마른 덕분이리라.

　단풍이 꽃보다 아름답다거나, 노을이 여명보다 아름다울 수 있다고들 한다. 자연현상으로는 당연하다. 하지만 노년을 단풍이나 노을에 빗대어 말할 때는 노년을 억지로 옹호하려는 것 같아 인정하지 않았다. 그런데 날마다 일출과 일몰을 보고, 계절 따라 변하는 산과 들을 바라보고, 고작 몇 개월 살면서도 온갖 고초를 이겨내는 작물들을 지켜보니 충분히 그럴 수 있을 것 같다.
　그들은 삶의 순환을 의연하게 받아들이고 있다.
　치열하게 살다가 차분하게 갈무리할 줄 아는 그 의연함 덕분에 삶이 옹골찰 수 있는 게 아닐까. 꽃이나 여명이 주위를 압도하는 강렬한 아름다움이라면, 단풍이나 노을은 주위를 포용하는 푸근한 아름다움이다. 단풍이 아름다울 수 있는 건 잎의 엽록소가 마른 덕분이요, 노을이 아름다운 건 햇볕의 강렬함이 마른 덕분일 것이다. 젊음의 치기와 무분별한 감정을 잘 말리면 노년도 젊음보다 아름다울 수 있지 않을까.

아침 안개가 짙더니 햇살이 더욱 따갑다.

그 햇살에 집집마다 마당 가득 가을이 마르고 있다. 내 인생의 가을도 깊어가고 있다.

전복밭의 연등

이병숙 지음

발행처	도서출판 청어
발행인	이영철
영업	이동호
홍보	천성래
기획	육재섭
편집	이설빈
디자인	이수빈 ǀ 구유림
인쇄	정우인쇄

등록	1999년 5월 3일
	(제321-3210000251001999000063호)

1판 1쇄 발행 2025년 8월 20일

주소	서울특별시 서초구 남부순환로 364길 8-15 동일빌딩 2층
대표전화	02-586-0477
팩시밀리	0303-0942-0478
홈페이지	www.chungeobook.com
E-mail	ppi20@hanmail.net

ISBN 979-11-6855-366-8(03810)

이 책의 저작권은 저자와 도서출판 청어에 있습니다.
무단 전재 및 복제를 금합니다.